NOUVELLE GRAMMAIRE

DES

COMMENÇANTS.

21911

TABLE D'ADDITION.

Base. Les deux traits = signifient *font* ou *égalent*.

2 : 2 et 2 ? = 4 ; et 2 = 6 ; et 2 = 8 ; etc., jusqu'à 60 ou 80.

2 : 2 et 3 ? = 5 ; et 3 = 8 ; et 3 = 11 ; etc., jusqu'à 60 ou 80.

2 : 2 et 4 ? = 6 ; et 4 = 10 ; et 4 = 14 ; etc., jusqu'à 60 ou 80.

2 : 2 et 5 ? = 7 ; et 5 = 12 ; et 5 = 17 ; etc.

On continue ainsi, avec la base 2, jusqu'à ce qu'on y ait ajouté successivement 5, 6, 7, 8, 9, 10.

3 : 3 et 2 ? = 5 ; et 2 = 7 ; et 2 = 9 ; etc., jusqu'à 60 ou 80.

3 : 3 et 3 ? = 6 ; et 3 = 9 ; et 3 = 12 ; etc., jusqu'à 60 ou 80.

3 : 3 et 4 ? = 7 ; et 4 = 11 ; et 4 = 15 ; etc.

On continue ainsi, avec la base 3, jusqu'à ce qu'on y ait ajouté successivement 5, 6, 7, 8, 9, 10.

4 : 4 et 2 ? = 6 ; et 2 = 8 ; et 2 = 10 ; etc., jusqu'à 80 ou 100.

4 : 4 et 3 ? = 7 ; et 3 = 10 ; et 3 = 13 ; etc., jusqu'à 80 ou 100.

4 : 4 et 4 ? = 8 ; et 4 = 12 ; et 4 = 16 ; etc.

On continue ainsi, avec la base 4, jusqu'à ce qu'on y ait ajouté successivement 5, 6, 7, 8, 9, 10.

Si l'on établit ainsi la table d'addition, c'est-à-dire, de manière que les nombres de 2 à 10 servent de base tour-à-tour, et qu'on ajoute successivement à chaque *base* les mêmes nombres 2 à 10, il est évident qu'on obtient toutes les combinaisons possibles de l'addition.

Chaque jour, les élèves récitent une partie de cette table comme récréation.

TABLE DE MULTIPLICATION.

2 fois	2 font	4.	5 fois	2 font	10.	8 fois	2 font	16.
2 ...	3 ...	6.	5 ...	3 ...	15.	8 ...	3 ...	24.
2 ...	4 ...	8.	5 ...	4 ...	20.	8 ...	4 ...	32.
2 ...	5 ...	10.	5 ...	5 ...	25.	8 ...	5 ...	40.
2 ...	6 ...	12.	5 ...	6 ...	30.	8 ...	6 ...	48.
2 ...	7 ...	14.	5 ...	7 ...	35.	8 ...	7 ...	56.
2 ...	8 ...	16.	5 ...	8 ...	40.	8 ...	8 ...	64.
2 ...	9 ...	18.	5 ...	9 ...	45.	8 ...	9 ...	72.
2 ...	10 ...	20.	5 ...	10 ...	50.	8 ...	10 ...	80.
3 fois	2 font	6.	6 fois	2 font	12.	9 fois	2 font	18.
3 ...	3 ...	9.	6 ...	3 ...	18.	9 ...	3 ...	27.
3 ...	4 ...	12.	6 ...	4 ...	24.	9 ...	4 ...	36.
3 ...	5 ...	15.	6 ...	5 ...	30.	9 ...	5 ...	45.
3 ...	6 ...	18.	6 ...	6 ...	36.	9 ...	6 ...	54.
3 ...	7 ...	21.	6 ...	7 ...	42.	9 ...	7 ...	63.
3 ...	8 ...	24.	6 ...	8 ...	48.	9 ...	8 ...	72.
3 ...	9 ...	27.	6 ...	9 ...	54.	9 ...	9 ...	81.
3 ...	10 ...	30.	6 ...	10 ...	60.	9 ...	10 ...	90.
4 fois	2 font	8.	7 fois	2 font	14.	10 fois	2 font	20.
4 ...	3 ...	12.	7 ...	3 ...	21.	10 ...	3 ...	30.
4 ...	4 ...	16.	7 ...	4 ...	28.	10 ...	4 ...	40.
4 ...	5 ...	20.	7 ...	5 ...	35.	10 ...	5 ...	50.
4 ...	6 ...	24.	7 ...	6 ...	42.	10 ...	6 ...	60.
4 ...	7 ...	28.	7 ...	7 ...	49.	10 ...	7 ...	70.
4 ...	8 ...	32.	7 ...	8 ...	56.	10 ...	8 ...	80.
4 ...	9 ...	36.	7 ...	9 ...	63.	10 ...	9 ...	90.
4 ...	10 ...	40.	7 ...	10 ...	70.	10 ...	10 ...	100.

NOUVELLE
GRAMMAIRE

DES

COMMENÇANTS,

CONTENANT :

1° Un n° d'ordre pour les règles ;

2° Des définitions simples et faciles pour les commençants ;

3° Plusieurs questionnaires sur chaque partie du discours ;

4° De nouveaux procédés pour faciliter la conjugaison ;

5° Des verbes modèles conjugués sous quatre formes : 1° forme affirmative, 2° forme *interrogative*, 3° forme *négative*, 4° forme
interrogative et *négative* ;

6° Une théorie complète du *verbe*, du *sujet*, de l'*attribut* et du *complément* ;

7° Des règles simples et faciles sur les *participes* ;

8° Un grand nombre de mots *dérivés* ;

9° La nomenclature d'un grand nombre d'*homonymes* ;

10° Le cri spécial et les *parties* de la plupart des animaux (le *pied*,
la *patte*, la *bouche*, la *gueule*, etc.) ;

Par Aug. BRAUD,

Maître de Pension.

TROISIÈME ÉDITION,
Refondue et considérablement augmentée.

A PARIS,

DÉZOBRY, E. MAGDELEINE ET Cⁱᵉ, LIBR.-ÉDITEURS,

RUE DES MAÇONS-SORBONNE, 1.

1849

Du même Auteur :

EXERCICES *d'analyse et d'orthographe*, pour les commençants, contenant : 1° un questionnaire grammatical en tête de chaque *exercice* ; 2° de nouveaux procédés pour faire commencer l'*analyse* dès les premières leçons de Grammaire ; 3° de nombreux exercices d'analyse sur un *plan entièrement neuf* ; 4° des exercices d'*orthographe* basés sur les règles de la Grammaire ; 5° des exercices variés sur la *conjugaison*, et sur les *participes* ; 6° des exercices sur les *dérivés*, sur les *homonymes*, etc., 1 vol. in-12, cart. — Prix : 1 fr.

PARAITRONT PROCHAINEMENT :

Seconde partie (*Syntaxe*) DE LA GRAMMAIRE FRANÇAISE, sur un nouveau plan, 1 vol. in-12.

EXERCICES sur la syntaxe française, 1 vol. in-12.

TRAITÉ D'ANALYSE GRAMMATICALE, 1 petit vol. in-12.

TRAITÉ D'ANALYSE du *sujet*, du *verbe*, de l'*attribut* et du *complément*, 1 petit vol. in-12.

TRAITÉ D'ANALYSE LOGIQUE, 1 petit vol. in-12.

MANUEL DES ÉCOLES DES DEUX SEXES, pour les exercices de *mémoire*, d'*orthographe* ; pour les explications de la *valeur* des mots, etc., etc., 1 vol. in-12.

Ouvrages Latins du même Auteur :

GRAMMAIRE LATINE DE LHOMOND, entièrement refondue, *ouvrage adopté* par l'Université, 6e édition, 1 fort vol. in-12, cart. — Prix 1 50

EXERCICES LATINS, 4e édition, 1 vol. in-12, cart. — Prix . . . 1 50

COURS DE THÈMES LATINS D'IMITATION, avec dictionnaires :

1re partie (*classes élémentaires*), 2e édition, 1 vol. in-12, cart. — Prix 1 50

2e partie (classe de 6e), 1 vol. in-12, cart. — Prix 1 50

THESAURUS MEMORIÆ, ou *Morceaux choisis de littérature latine*, seconde édition :

1re partie (classes de 6e et de 5e), *texte latin*, 1 vol. in-12, broché. — Prix 0 50

1re id. (id. id.), *traduction*, 1 vol. in-12, br. — Prix . . 0 30

2e partie (classes de 4e et de 3e), *texte latin*, 1 vol. in-12, br. — Prix 0 50

2e id. (id. id.), *traduction*, 1 vol. in-12, br. — Prix . . . 0 30

Coulommiers. — Imprimerie de A. MOUSSIN.

Tout est difficile pour l'enfant qui débute dans l'étude de la Grammaire : aussi l'ouvrage qui demande le plus de soin et d'attention est-il un livre élémentaire de ce genre.

Nous n'osons nous flatter d'avoir complétement aplani les difficultés qui égarent si longtemps les enfants d'une intelligence ordinaire ; nous pensons seulement que vingt années d'expérience non interrompues, nous permettent d'espérer que les modifications apportées dans cette nouvelle édition de notre Grammaire, et les *Exercices élémentaires* qui en sont la suite nécessaire, ne seront pas sans utilité dans l'enseignement de notre langue.

Nous avons consulté presque toutes les Grammaires les plus estimées ; si nous n'avons pas comblé, dans ce petit livre, toutes les lacunes que nous pourrions signaler, nous croyons fermement avoir indiqué des moyens faciles de faire disparaître l'aridité et la sécheresse ordinaires de ce genre de travail.

La plupart des maîtres sont dans l'usage de faire apprendre la Grammaire par cœur. Nous ne nous élèverons pas contre cette habitude d'exercer la mémoire des enfants ; mais nous insisterons pour que ces leçons ne soient pas de purs exercices de mémoire, ce qui serait un travail tout-à-fait inutile et sans résultat.

Ce qu'il faut à un enfant, c'est une explication courte, simple et claire en même temps, sur ce qu'il a vu ou appris ; c'est la provocation de ses propres explications sur les exemples du livre et sur ceux qu'il cherche lui-même dans les objets qui l'environnent ; c'est la multiplicité des exemples par des exercices faits tantôt sur le cahier, tantôt de vive voix, et principalement sur le tableau noir, afin que tous les élèves profitent et des fautes de celui qui est interrogé, et des explications du maître ; ce sont encore les questions *que voyez-vous là? pourquoi?*

comment? qui doivent être sans cesse à la bouche de ce maître.

Nous faisons d'ailleurs dépendre tout le succès de notre travail grammatical, de nos *Exercices élémentaires*, dont l'application a lieu dès que la première page de la Grammaire est lue ou apprise.

Là, l'élève est mis en demeure de dire et d'expliquer la valeur de tel ou tel mot de la Grammaire; son intelligence est sans cesse mise à l'épreuve dans un devoir basé sur un principe lu ou appris, et mis à sa portée.

Par ce moyen, nous commençons l'analyse grammaticale en commençant l'étude de la Grammaire; et, par les procédés que nous indiquons, il est presque impossible que l'élève ne sache pas faire exactement et sans hésitation une analyse grammaticale, après avoir accompli le travail de son livre d'*Exercices*.

La matière de ces *Exercices* ne se compose pas de mots secs et arides, ou de phrases décousues et vides de sens, comme on en rencontre si souvent dans les livres élémentaires : nous nous sommes attaché à extraire, des ouvrages de nos grands littérateurs, les passages les plus propres à féconder le cœur et l'esprit.

Nous nous sommes donc proposé un double but dans notre nouveau travail : faciliter d'une manière à peu près sûre la connaissance des parties du discours, et initier de bonne heure l'élève à l'analyse grammaticale.

Intéresser l'enfant dans l'étude de la Grammaire, la lui rendre facile et attrayante même par nos nouveaux procédés : tel est le but principal auquel tendent nos efforts dans ce petit livre.

Puisse l'expérience d'autrui donner satisfaction à nos désirs sur ce point! nous y trouverons notre plus digne récompense.

Nota. Il est essentiel que le maître ait ce volume à lui. Il y marque les leçons des groupes ou sections d'élèves, avec leurs noms. Au bout d'un certain temps, il est nécessaire de donner aux enfants deux leçons : une pour repasser ce qui a été appris ou expliqué, sans être suffisamment compris; une autre pour ce qui n'a pas été vu encore et qui a besoin de l'être. Mais, nous le répétons, les leçons de grammaire sans les *exercices*, sans la partie *pratique*, ne peuvent donner que de faibles résultats.

NOUVELLE GRAMMAIRE

DES COMMENÇANTS.

PREMIÈRE PARTIE.

Il est aussi facile qu'utile d'apprendre la Grammaire.

« J'ai appris la Grammaire, dit G. Cobbet, quand j'étais soldat,
» avec une paie de quelques sous par jour. Le bord de mon lit de
» camp était mon siége, mon havre-sac ma bibliothèque, et une mau-
» vaise planche, placée sur mes genoux, ma table à écrire. Je n'a-
» vais pas d'argent pour acheter de la chandelle. L'hiver, je n'avais
» guère d'autre lumière que celle du feu, et cela encore quand mon
» tour venait de me chauffer. Pour acheter une plume ou un cahier
» de papier, il me fallait retrancher quelque chose de ma nourriture,
» quoique la ration ne fût pas trop forte. Je n'avais réellement pas
» un moment à moi. Il me fallait lire, écrire au milieu des causeries,
» des rires, des chants, des cris d'une vingtaine d'hommes les plus
» abrutis qu'on puisse imaginer, cherchant à ne rien perdre de leur
» liberté. Si, au milieu de circonstances pareilles, je suis venu à bout
» de mon dessein, je dis qu'il n'y a pas une personne au monde, qui,
» dans une école régulière, ait droit de prétendre qu'elle ne peut
» pas apprendre la Grammaire. »

NOTIONS PRÉLIMINAIRES.

1. GRAMMAIRE. — La *Grammaire* est une science qui
nous fournit les moyens de bien parler et de bien écrire,
c'est-à-dire d'exprimer nos pensées aussi correctement que
le font les personnes les plus instruites. On donne aussi le
nom de *Grammaire* au livre qui contient les règles de cette
science.

2. Parler ou écrire, c'est communiquer ses pensées à une
autre personne. Or, quand on parle, quand on écrit, on se
sert de *mots*, comme signes de ces pensées.

3. MOTS. — On entend par *mot*, une ou plusieurs lettres formant un sens. Pour dire ou pour écrire : *Mon frère
a un beau livre*, on emploie six mots, dont chacun a un
sens particulier. (*Voyez* EXERCICES, *chapitre 1er, n°. 4.*)

4. LETTRES. — L'alphabet français contient, *vingt-cinq* lettres, toutes du genre *masculin*, savoir : *a, b, c, d, e, f, g, h; i, j, k, l, m, n, o, p, q, r, s, t, u, v, x, y, z.* (1)

Ces vingt-cinq caractères comprennent deux sortes de lettres, les *voyelles* et les *consonnes.*

5. VOYELLES. — Les *voyelles* sont les lettres qui, toutes seules, produisent un *voix*, un son, et c'est du mot *voix* lui-même que vient leur nom. Il y a six voyelles qui sont : *a, e, i, o, u, y,* On les appelle *voyelles simples.*

Avec les voyelles simples, on compose d'autres sons qu'on nomme *voyelles composées,* savoir : *Ai, an, au; ei, en, eu; in; on, ou; un: aisance, autruche; peine, entendre, musicien, Europe; indigne; onde, ouvrage, importun.*

Les quatre voyelles *an, in, on, un* sont dites *voyelles nasales,* parce qu'on les prononce un peu du nez. (*V.* EXERCICES, 2, 3).

6. CONSONNES. — Les *consonnes* ou *articulations* sont les dix-neuf autres lettres de l'alphabet, savoir : *b, c, d, f, g, h, j, k, l, m, n, p, q, r, s, t. v, x, z.*

On les nomme *consonnes* (2), parce qu'elles *sonnent,* c'est-à-dire parce qu'elles forment un son *avec* les voyelles. (*V.* EXERC., 4).

7. *De la voyelle* Y. — La voyelle *y* se prononce tantôt comme *i* simple, tantôt comme deux *i.*

Elle vaut un seul *i* :

1° Au commencement des mots, comme dans *yacht* (petit navire), *yeux, yole* (petit canot).

2° A la fin des mots, comme dans *bey, dey* (3).

3° Dans le corps d'un mot, après une consonne : *Hymne, style, système.*

Y se prononce comme deux *i* dans le corps d'un mot, après une voyelle : *Pays, moyen, essuyer,* etc. (*V.* EXERCICES, 5).

---

(1) Quelques auteurs comptent *vingt-six* lettres, en y comprenant le double *w,* qui nous vient de l'anglais.

(2) *Consonne* vient de deux mots latins : *Sonare,* sonner, former un son, et *cum,* avec.

(3) *Bey,* c'est le nom que les Turcs donnent au gouverneur d'une province ou d'une ville; — *Dey,* c'est le nom que les Turcs donnaient au prince souverain du royaume d'Alger.

8. *De la consonne* H. — La consonne *h* est *muette* ou *aspirée.*

1° On la dit *muette,* quand elle est nulle dans la prononciation : *L'homme, l'hiver, l'humidité.* On prononce ces mots comme s'il y avait seulement *l'omme, l'iver, l'umidité,* sans la lettre *h.*

2° La consonne *h* est *aspirée* quand elle fait prononcer avec *aspiration* ou du gosier la voyelle qui la suit : *Le hameau, le héros, la haine.* Elle empêche aussi toute liaison entre la consonne qui la précède et la voyelle qui la suit : *Les hameaux, les héros, mes hardes;* prononcez comme s'il y avait *lé hameaux, mé hardes.* (*V.* EXERC., 6).

Questionnaire.

(Les chiffres placés avant les questions sont les mêmes que ceux des règles qu'il faut étudier ci-dessus pour les réponses).

1. Qu'est-ce que la Grammaire? — **2.** Qu'entend-on par *parler* ou *écrire?* — Qu'emploie-t-on pour cela? — **3.** Qu'est-ce qu'un mot? — Citez des mots. — **4.** Combien notre alphabet contient-il de lettres? — Combien y a-t-il de sortes de lettres? — **5.** Qu'entendez-vous par *voyelles?* — D'où vient ce nom? — Combien y en a-t-il? — Qu'est-ce que les voyelles *simples?* — Les voyelles *composées?* — **6.** Qu'est-ce que les *consonnes,* ou *articulations?* — Pourquoi les nomme-t-on *consonnes?* — **7.** Qu'y a-t-il à dire sur la voyelle *y?* — Dans quels cas se prononce-t-elle comme un *i* simple? — Comme deux *i?* — **8.** Que remarquez-vous sur la consonne *h?* Dans quel cas est-elle *muette?* — *aspirée?*

9. SYLLABES. — On appelle *syllabe,* une ou plusieurs lettres prononcées en une seule émission de voix. Dans le mot *ami,* il y a deux syllabes, *a mi;* la première est *simple,* et la seconde est *articulée,* parce qu'elle est formée avec une *articulation* ou consonne (m).

Le mot *vérité* a trois syllabes, *vé ri té; véritable* en a quatre, *vé ri ta ble.* (*V.* EXERC., 7).

10. On appelle *monosyllabe* (1), un mot qui n'a qu'une seule syllabe : *Bras, main, gant, nez.*

Un *dissyllabe* est un mot de deux syllabes; *Ami, sabre.*

---

(1) *Mono,* dans *monosyllabe, dis,* dans *dissyllabe, tris,* dans *trissyllabe,* et *poly,* dans *polysyllabe,* viennent de quatre mots grecs : *mono* signifie *un seul, une seule; dis,* deux; *tris,* trois; et *poly,* plusieurs.

Un *trissyllabe* a trois syllabes : *Abricot, vérité*.

Un *polysyllabe* est un mot de plusieurs syllabes, c'est-à-dire de *deux*, de *trois*, de *quatre*, de *cinq* etc. syllabes : *Bonté, montagne, humidité, générosité*, etc.

Les *dissyllabes* et les *trissyllabes* étant aussi des *polysyllabes*, comme on vient de le voir, il s'en suit qu'on peut diviser tous les mots en *monosyllabes* et en *polysyllabes*. (*V.* EXERC., 8, 9, 10, 11).

11. DIPHTHONGUES. — On entend par *diphthongue* (mot qui signifie *deux sons*), la réunion de deux sons distincts en une seule émission de voix. Telles sont les syllabes *ai, ié, iè, iai, ieu, ien, io, ion, oi, ui*, dans les mots *travail, moitié, bière, bréviaire, Dieu, bien, fiole, lion, loi, lui*, etc.

Il faut remarquer que *ai* est voyelle *composée* (5), et non pas *diphthongue*, quand on le prononce *è*, comme dans *paire, faire*, etc. (*V.* EXERC., 12).

SIGNES ORTHOGRAPHIQUES.

12. Outre les lettres, nous employons, dans l'écriture des mots, certains signes qu'on nomme *signes orthographiques*, et qui sont : Les *accents*, l'*apostrophe*, la *cédille*, le *tréma*, le *trait d'union* et autres dont il sera question plus loin.

13. ACCENTS. Les *accents* sont des signes que l'on place sur les voyelles pour en augmenter le son, ou pour changer la signification des mots qui les reçoivent. La voyelle *y* seule ne reçoit point d'accent.

14. Nous avons trois accents en français :

1° L'accent *aigu* (´), qui s'écrit de droite à gauche, et qui se place seulement sur la voyelle *e* : *Bonté, sévérité*.

2° L'accent *grave* (`), qui s'écrit de gauche à droite, et qui se met, dans certains mots, sur les voyelles *a, e, u*, comme dans cet exemple : *Portez ce livre à votre frère dans la classe où il se tient*.

3° L'accent *circonflexe* (^), qui se forme de la réunion des deux autres, et qui se met sur les cinq premières voyelles : *Pâte, tête, île, côte, flûte*, etc. (*V.* EXERC., 13, 14).

15. APOSTROPHE. — L'apostrophe (') est un signe qui tient la place d'une voyelle supprimée : *L'ami* pour *le ami*;

l'âme pour *la âme ; s'il m'aime* pour *si il me aime.* Il n'y a que les voyelles *a*, *e*, *i* qui se remplacent par l'apostrophe, encore même *i* ne se supprime que dans le seul mot *si.* (*V.* Exerc., 15).

16. **Cédille.** — La *cédille* (̧) est un signe que l'on met sous le *ç* pour le faire prononcer comme *s* devant *a*, *o*, *u*, dans certains mots : *Façade*, *maçon*, *reçu.* (*V.* Exerc., 16).

17. **Tréma.** — Le *tréma* (¨) se compose de deux points que l'on place sur l'une des voyelles *e*, *i*, *u*, pour la faire prononcer séparément de celle qui précède : *Ciguë*, *Moïse*, *Saül.* Sans le tréma, on prononcerait *cigue* (comme *figue*), *Moase*, *Sôl.* (*V.* Exerc., 17).

18. **Trait d'union.** — Le *trait d'union* (-) est un signe qui sert à lier plusieurs mots équivalant à un seul pour le sens : *Chou-fleur*, *tête-à-tête*, *ver-à-soie.* Il sera question de ce signe plus loin, à l'occasion des verbes.

Questionnaire.

(Le maître exige toujours des exemples pour justifier la règle).

9. Qu'entendez-vous par une syllabe ? — Par syllabe simple ? — Par syllabe articulée ? — 10. Qu'est-ce qu'un *monosyllabe?* — Un *dissyllabe?* — Un *trissyllabe?* — Un *polysyllabe?* — Les dissyllabes et les trissyllabes sont-ils aussi des *polysyllabes?* — Pourquoi ? — 11. Qu'entend-on par *diphthongue?* — 12. Quels sont les signes orthographiques ? — 13. Qu'est-ce que les *accents?* — 14. Combien y a-t-il d'accents ? — Quels sont-ils et quel en est l'emploi ? — 15. Qu'est-ce que l'*apostrophe?* — 16. Qu'est-ce que la *cédille?* — 17. Qu'est-ce que le *tréma?* — 18. Qu'est-ce que le *trait d'union?*

DES VOYELLES LONGUES ET DES VOYELLES BRÈVES.

19. Les voyelles sont *longues* ou *brèves* dans la prononciation.

Les voyelles *longues* sont celles sur lesquelles on appuie longtemps en les prononçant : *Pâte*, *tête*, *île*, *tôle*, *mûre*, *sûr*, *monde*, *sabre*, etc.

Les voyelles *brèves* sont celles que l'on prononce rapidement et sans s'y arrêter : *Patte*, je *jette*, *petite*, *notre*, *culbute.* etc.

20. Il y a trois sortes d'*e* :

L'*e* muet, l'*e* fermé et l'*e* ouvert.

21. L'*e muet* est celui qui ne reçoit point d'accent et

dont le son est peu sensible, comme à la fin des mots :
Honte, livre, table. Quelquefois même il est nul dans la
prononciation : *Hameau, joie, plaie,* tu *joueras.*

22. — REMARQUE. On appelle syllabe *muette* celle où
se trouve un *e* muet; telle est la dernière syllabe des mots
père, mère, tu pèses, ils *dorment.*

23 L'*e fermé* est celui que l'on prononce ayant la bouche presque fermée, et qui reçoit l'accent *aigu,* comme
dans *bonté, café.* Il est encore *fermé,* quand il est suivi
de l'une des consonnes *r, z,* mais seulement à la fin des
mots, comme dans *chercher, rocher, donner, assez, nez,
venez.*

24. L'*e ouvert* est celui que l'on prononce ayant la bouche très ouverte. On le reconnaît, 1° lorsqu'il est surmonté
de l'accent *grave* ou de l'accent *circonflexe,* comme dans
les mots *modèle, progrès, tête, fête ;*

2° quand il est suivi de deux consonnes, comme dans
les mots : *Effort, belle, chienne, presse, assiette, aspect,
reptile, chercher, superbe,* etc. Il est encore ouvert, avec
une seule consonne, à la fin de certains mots : *Amer, avec,
colonel, Prosper,* etc., et dans quelques monosyllabes terminés par une consonne, comme : *Des, les, mes, tes, ses,
ces, bref, bel, cher, cep, et,* etc.

REM. Les trois sortes d'*e* se trouvent dans le mot *sévère.*
(*V.* EXERC., 19 à 22).

Questionnaire.

19. Qu'entend-on par voyelles *longues?* — par voyelles *brèves ?*
— 20. Combien y a-t-il de sortes d'*e?* — Dites-les. — 21. Qu'est-ce
que l'*e* muet ? — 22. Qu'est-ce qu'une syllabe *muette?* —23. Qu'est-
ce que l'*e* fermé? — A quels signes le reconnaît-on ? — 24. Qu'est-ce
l'*e* ouvert? — A quoi le reconnaît-on?

LETTRES MAJUSCULES.

25. On entend par *lettres majuscules* ou *capitales* celles
qui sont plus fortes, plus grandes que les autres dans un
mot, comme la lettre D dans le mot *Dieu,* S dans *Soleil,*
E dans *Eternel.* Par opposition, les autres lettres sont appelées *minuscules* ou *petites lettres.*

On commence par une lettre *majuscule,* savoir :

1° Le premier mot de ce qu'on veut écrire, comme :

Le jour n'est pas plus pur que le fond de mon cœur. (*Racine*).

2° Le mot qui vient après un point dans une suite de mots. (Voyez-en des exemples dans un livre).

3° Le premier mot de chaque vers, comme :

Celui qui met un frein à la fureur des flots,
Sait aussi des méchants arrêter les complots. (*Racine*).

4° Les *noms* particuliers de personnes, de pays, de villes, de montagnes, de fleuves, de rivières, et autres semblables, comme : *Fénélon*, *Bossuet ;* la *France*, l'*Italie ; Paris*, *Lyon ;* les *Alpes*, les *Pyrénées ;* le *Rhin*, la *Seine*, la *Charente*, la *Loire*, etc. (*V.* EXERC., 23, 24).

26 *(1). PHRASE. —On appelle *phrase* une suite de mots formant un sens complet en soi, et s'étendant depuis le commencement jusqu'à un point. La seconde *phrase* s'étend depuis le premier point jusqu'au second, et ainsi des autres.

27 *. DISCOURS. — On entend par *discours*, une phrase ou une suite de phrases disposées entre elles suivant certaines règles que nous verrons plus loin, et qui renferment tous les mots qu'on a voulu *dire* ou *écrire*, sur quelqu'un ou sur quelque chose. Il suit de là que le discours est comme le tableau de nos pensées. (*V.* EXERC., 25).

28 *. ORTHOGRAPHE. — L'orthographe (2) est l'art d'écrire, avec les lettres et les signes convenables, les mots de la langue qu'on étudie.

29 *. *Résumé.* — Il résulte, de ce que nous avons étudié jusqu'ici, que les *lettres* servent à former les *mots ;* que les mots composent les *phrases ;* que les phrases forment le *discours,* et qu'avec le discours, on exprime sa pensée entière, complète· sur un objet quelconque (*V.* EXERC., 26).

30. PARTIES DU DISCOURS. — Il y a dans la langue française, *dix* espèces différentes de mots, qu'on appelle *parties du discours,* et qui sont : Le *nom* ou *substantif,* l'*article*, l'*adjectif*, le *pronom*, le *verbe*, le *participe*, l'*ad-*

---

(1) On doit se borner à faire lire aux enfants et à leur expliquer les nᵒˢ suivis d'un astérisque.

(2) *Orthographe*, de deux mots grecs qui signifient *écrire droit, correctement.*

verbe, la *préposition*, la *conjonction* et l'*interjection*.

On les divise en deux grandes classes, en mots *variables* et en mots *invariables*.

31. Les mots *variables* sont ceux qui varient, c'est-à-dire, qui subissent certains changements dans leurs terminaisons ; ils comprennent les *six* premières espèces, savoir : Le *nom*, l'*article*, l'*adjectif*, le *pronom*, le *verbe* et le *participe*.

32. Les mots *invariables* sont ceux qui ne varient pas, c'est-à-dire qui s'écrivent toujours de la même manière ; ils comprennent les *quatre* dernières espèces, savoir : L'*adverbe*, la *préposition*, la *conjonction* et l'*interjection*.

Questionnaire.

25. Qu'entend-on par lettres *majuscules ?* — Par lettres *minuscules ?* — Montrez-en. — Quels sont les divers emplois des majuscules ? — 26. Qu'est-ce qu'une phrase ? — 27. Qu'entendez-vous par *discours ?* — 28. Qu'est-ce que l'*orthographe ?* — 29. Dites à quoi servent les lettres, les mots, les phrases et le discours ? — 30. Comment appelle-t-on les différentes espèces de mots ? — Combien y en a-t-il ? — Dites-les. — Comment se divisent-ils en deux grandes classes ? — 31. Qu'entendez-vous par mots *variables ?* — Combien y en a-t-il d'espèces ? — Dites-les. — 32. Qu'entendez-vous par mots *invariables ?* — Combien y en-t-il d'espèces ? — Dites-les.

DES MOTS VARIABLES.
CHAPITRE 1er.
DU NOM OU SUBSTANTIF.

(Le maître doit toujours exiger que l'élève explique chaque règle sur les exemples donnés. — Il faut souvent lui adresser cette question : *Que voyez-vous dans cet exemple ?*)

33. Le *nom* ou *substantif* (1) est un mot qui sert à dési-

---

(1) A proprement parler, le mot *nom*, qui vient de *nommer*, sert seulement à nommer un être ou un objet quelconque, tandis que le mot *substantif*, qui vient de *substance* (matière) ne devrait être employé que pour désigner la *matière* dont un objet se compose. Ainsi quand on dit un *un kilogramme de sucre*, il y a deux *noms* (*kilogramme* et *sucre*), parce qu'on *nomme* les objets dont on parle ; mais il n'y a réellement qu'un *substantif*, qui est *sucre*, parce que ce mot est le seul qui marque la *matière* dont il s'agit. Toutefois, en Grammaire, *nom* et *substantif* s'emploient ordinairement l'un pour l'autre.

guer et à nommer une personne ou une chose : *Louis*, *Marie*, *homme*, *femme*, *lion*, *cheval*, *table*, *plume*. Les quatre premiers noms désignent des *personnes;* les quatre derniers, des *choses*.

34. Il y a des noms qui annoncent des choses que nous ne pouvons ni voir, ni toucher, tels que *douleur*, *joie*, *espérance*, *mémoire*, etc. Ces choses n'existent que dans notre imagination, dans notre esprit, qui les *sépare* des objets matériels : voilà pourquoi les mots qui les désignent sont appelés noms ou substantifs *abstraits*. (*V.* Exerc., *chap.* II, n°s 27 à 31).

35. Du Genre. — Le genre, dans les noms, est la distinction des sexes. Comme il y a deux sexes (*mâle* et *femelle*), on distingue deux genres : Le genre *masculin* et le genre *féminin*.

36. Les noms d'hommes et les noms .d'animaux *mâles*, sont du genre *masculin*, tels que *homme*, *père*, *frère* ; *lion*, *cheval*, *chien*. etc.

37. Les noms de femme et les noms d'animaux *femelles* sont du genre *féminin*, tels que *femme*, *mère*, *sœur; lionne*, *jument*, *chienne*, etc.

38. Certains noms d'animaux ne sont que d'un *genre* pour les deux sexes. Ainsi les noms *éléphant*, *moineau*, *rossignol*, *lièvre*, etc., sont du genre *masculin* seulement, et se disent du mâle et de la femelle.

De même les noms *tortue*, *grenouille*, *hirondelle*, etc., ne sont que du genre *féminin*, et comprennent pourtant les deux sexes

39. Les noms de choses inanimées ne devraient point avoir de genre; mais l'usage en a décidé autrement : on désigne donc certaines choses avec le genre *masculin*, comme *arbre*, *bouton*, *fruit*, *cadeau*, *bonheur*, etc. ; et d'autres avec le genre *féminin*, comme *branche*, *fleur*, *pomme*, *bourse*, *fortune*, etc.

40. Un moyen mécanique et bien facile de reconnaître le *genre* dans les noms d'objets inanimés, c'est d'essayer à mettre, avant chaque nom, un des mots *le*, *un*, pour le *masculin*, et un des mots *la*, *une*, pour le féminin.

Ainsi, comme on peut dire : *Le* bouton, *un* fruit, *un* cadeau, ces trois noms sont du genre *masculin ;*

Comme on peut dire : *Une* branche, *la* fleur, *une* bourse, ces trois noms sont du genre *féminin*. (*V.* EXERC., *chap.* II, n°s 32 à 39).

Questionnaire.

(Le maître doit exiger des exemples à chaque réponse de l'élève).

33. Qu'est-ce que le *nom* ou le *substantif?* — 34. Qu'entend-on par nom *abstrait?* — 35 Qu'est-ce que le genre dans les noms? — Combien y a-t-il de genres? — 36. De quel genre sont les noms d'hommes et d'animaux *mâles?* — 37. De quel genre sont les noms de femmes et les noms d'animaux *femelles?* — 38. N'y a-t-il pas des noms qui sont d'un seul genre pour les deux *sexes?* — Donnez-en des exemples. — 39. Les noms d'objets inanimés ont-ils aussi un genre ? — 40. Quel est le moyen facile de reconnaître le *genre* dans ces noms-là ?

41. DU NOMBRE. — Le *nombre*, dans les noms, est la propriété qu'ils ont d'exprimer l'*unité* ou la *pluralité*, c'est-à-dire un *seul* ou *plusieurs* objets.

42. Il y a conséquemment deux nombres : Le *singulier* et le *pluriel*.

43. Le nombre *singulier* désigne une seule personne ou une seule chose : *Un enfant, la fille, son canif, ma cravate.* (V. EXERC., *chap.* II, n°s 40 à 43).

44. Le nombre *pluriel* annonce *plusieurs* personnes ou plusieurs choses : *Deux enfants, les filles, des canifs, nos chapeaux.* (V. EXERC., *chap.* II, n°s 44 à 47).

45 *. REM. — 1° Certains noms de choses ne s'emploient qu'au *singulier*, comme *l'or, l'argent, la faim, la soif, la jeunesse, la santé*, etc.

2° D'autres noms ne sont d'usage qu'au *pluriel*, comme *les ancêtres, les pleurs, les ténèbres, les funérailles*, etc.

46. FORMATION DU PLURIEL. — Pour former le pluriel d'un nom, on ajoute la lettre *s* au singulier : *Le livre, les livres; le mot, les mots; ma plume, ses plumes;* etc. (*V.* EXERC., *chap.* II, n°s 48 à 52).

47. EXCEPTIONS. — 1° Quand un nom singulier est terminé par *s, x*, ou *z*, il s'écrit au pluriel comme au singulier : *Un bras, des bras; mon fils, mes fils; une voix, des voix; une croix, quatre croix; un nez, des nez; le gaz, les gaz*, etc. (*V.* EXERC., *chap.* II, n° 53).

48. — 2° Les noms terminés au *singulier* par *au* ou par

eu, prennent un *x* pour le pluriel : *Un tuyau, des tuyaux* ; *le bureau, les bureaux* ; *ce jeu, ces jeux* ; *mon neveu, tes neveux.* (*V.* EXERC., *chap.* II, n° 54).

49. — 3°. Il y a sept noms en *ou*, dont le pluriel se forme par un *x* ; les voici : *Bijou, caillou, chou, genou, hibou, joujou* et *pou* ; au pluriel : *Des bijoux, des cailloux, nos choux, ses genoux, deux hiboux, tes joujoux, des poux.*

Les autres noms en *ou* suivent la règle générale (46) et prennent un *s* au pluriel : *Un clou, des clous* ; *le fou, les fous.* (*V.* EXERC., *chap.* II, n° 55).

50. — 4°. Les noms terminés par *al*, changent cette finale *al* en *aux* pour le pluriel : *Un cheval, des chevaux* ; *le journal, des journaux*, etc.

REM. Cependant quelques noms en *al* s'augmentent seulement d'un *s* au pluriel : *Un bal, des bals* ; *un carnaval, des carnavals* ; *un régal, des régals*, etc. (*V.* EXERC., *chap.* II, n°ˢ 55, 56).

51. — 5°. Il y sept noms en *ail*, qui changent la finale *ail* en *aux* pour le pluriel ; ce sont *bail, corail, émail, soupirail, vantail* (ou *ventail*), *vitrail* et *travail*, qui font au pluriel : *Des baux, des coraux, des émaux, trois soupiraux, des vantaux,* (ou *ventaux*), *deux vitraux, les travaux.*

Les autres noms en *ail* prennent régulièrement *s* au pluriel : *Un portail, des portails* ; *un gouvernail, des gouvernails*, etc.

REM. *. Au lieu de *travaux*, on dit au pluriel, *des travails*, quand on veut désigner les machines où l'on ferre les chevaux et les bœufs ; ou bien lorsqu'il s'agit de comptes, de rapports qu'un administrateur adresse à un ministre : *Le chef de bureau a eu, cette semaine, plusieurs travails avec le ministre.*

52 *. — 6°. Le mot *bétail* fait au pluriel, *des bestiaux* ; le mot *ail* fait *aulx*. Cependant les botanistes disent aussi *des ails.* (*V.* EXERC., *chap.* II, n° 57).

53 *. Trois autres noms, *aïeul, ciel, œil*, ont deux formes pour le pluriel :

1º *Aïeul* fait au pluriel masculin *aïeuls*, quand il signifie *grand-père* : des *aïeuls* paternels, des *aïeuls* maternels.

Pour le féminin, il fait *aïeule* au singulier, et *aïeules* au pluriel.

2º *Aïeul* fait au pluriel *aïeux*, quand on parle d'*ancêtres*, c'est-à-dire d'hommes qui ont vécu longtemps avant nous.

Qui sert bien son pays n'a pas besoin d'*aïeux*. (Voltaire).

54*. 1º. *Ciel* fait au pluriel *cieux*, pour signifier la voûte céleste : *Les cieux annoncent la gloire de Dieu.*

2º. *Ciel* fait au pluriel *ciels*, quand il s'agit de l'imitation de la voûte céleste en peinture : *Ce peintre fait bien les* ciels *dans ses tableaux* ; dans le sens de voûte d'une carrière, ou de la partie supérieure d'un lit : *Des ciels de carrière, des ciels de lit* ; et enfin lorsqu'on parle d'un pays sous le rapport de la température, du climat : *L'Italie est sous un des plus beaux* ciels *de l'Europe.*

55. * 1º *OEil* fait au pluriel *yeux*, pour désigner l'organe de la vue, soit en nature, soit en dessin, etc. : *Des* yeux *noirs, des* yeux *bleus* ; *la géographie et la chronologie sont les deux* yeux *de l'histoire.*

L'Académie dit aussi : *Les* yeux *du pain, du bouillon, du fromage.*

2º *OEil* fait au pluriel *œils* pour désigner des ouvertures rondes : *Des œils-de-bœuf* ; — en terme de broderie : *Des œils-de-perdrix* ; — pour désigner certaines pierres : *Des œils-de-chat, des œils-de-perdrix, de serpent,* — et, à l'égard de certaines plantes : *Des œils de chèvre*, etc. (V. EXERC., *chap.* II, nº 57).

56.*— OBSERVATION. Les noms terminés par *ant* ou par *ent* conservent la lettre *t* au pluriel : *un enfant, des enfants* ; *l'appartement, les appartements* ; *le gant, les gants* ; *une dent, des dents.*

57. * REM. *Gens* (*homme* ou *femme*), pluriel de *gent* (nation) est le seul nom qui perde le *t* au pluriel : *Ce sont d'honnêtes gens.*

Le mot *temps* ne perd jamais le *p*, ni au singulier, ni au pluriel : *Le temps, les temps.* (V. EXERC., 57).

Questionnaire.

41. Qu'est-ce que le *nombre* dans les noms? — 42. Combien y a-t-il de nombres? — 43. Qu'est-ce que le nombre *singulier*? — 44. Qu'est-ce que le nombre *pluriel*? — 45. Citez des noms qui ne s'emploient qu'au singulier? — Citez-en qui ne se disent qu'au pluriel? — 46. Quelle est la première règle, la règle générale sur la formation du *pluriel*? — 47. *Exceptions :* Comment s'écrit au pluriel un nom terminé au singulier par une des lettres *s*, *x*, *z*? — 48. Comment forme-t-on le pluriel des noms en *au* et en *eu*? — 49. Comment se forme le pluriel des noms en *ou*? — Quels sont les sept noms en *ou* dont le pluriel se forme avec *x*? — 50. Comment formez-vous le pluriel des noms en *al*? — Y a-t-il des noms exceptés? — Citez-en. — 51. Comment se forme le pluriel des noms en *ail*? — Dites les *sept* noms qui font exception. — Dans quel cas, pour le mot *travail*, faut-il dire *des travails*, au pluriel? — 52. Que remarquez-vous sur les mots *bétail* et *ail* employés au pluriel? — 53. Quels sont les trois noms qui ont deux formes pour le pluriel? — Quelles sont les deux formes du mot *aïeul*? — 54. Quelles sont les deux formes plurielles du mot *ciel*? — 55. Quelles sont les deux formes plurielles du mot *œil*? — 56. Qu'y a-t-il à dire sur le pluriel des mots terminés par *ant* et par *ent*? — 57. Quel est le seul nom qui perde le *t* final au pluriel? — Que remarquez-vous sur le mot *temps*?

DES DIFFÉRENTES SORTES DE NOMS.

58. Il y a deux sortes de noms : Le *nom propre* et le *nom commun*.

59. Le *nom propre* ou nom *individuel* est celui qui ne peut s'appliquer qu'à une personne, qu'à une chose : *Fénélon*, *Bossuet*, *Paris*, *Lyon*, la *Seine*, les *Alpes*, etc. Ces noms sont comme la *propriété* des personnes ou des choses qu'ils désignent.

Plusieurs personnes peuvent avoir le nom de *Fénélon*, de *Pierre*, de *Louis*, etc.; plusieurs villes peuvent être appelées *Paris*, *Londres*, etc.; mais *tous* les hommes ne s'appellent pas *Fénélon*, *Pierre*, *Louis*; toutes les villes ne s'appellent pas *Paris*, *Londres*; d'où l'on voit que ces mots sont les noms particuliers des personnes ou des choses qu'ils représentent : voilà pourquoi ils sont appelés *noms propres.*

Le nom qui représente un être ou un objet unique de son espèce, est aussi un nom propre. Ainsi les mots *Dieu*, le *Soleil*, la *Lune*, le *Paradis*, l'*Univers*, sont des noms propres. (*V.* EXERC., *chap.* II, nos 59, 60).

60. Le nom *commun* est celui qui convient à tous les

individus, à tous les objets de la même espèce : *Homme, femme, enfant, aigle, poule, couteau, plume*, etc. (*V* EXERC., *chap.* II, n⁰ˢ 64, 62).

61. NOMS COLLECTIFS. Parmi les noms *communs*, on distingue les noms *collectifs*, ainsi appelés, parce qu'ils présentent à l'esprit l'idée d'une *collection* d'individus ou de choses de la même espèce : *Une armée, un peuple, un troupeau.*

Les noms *collectifs* sont faciles à reconnaître en ce que, étant au singulier, ils représentent néanmoins *plusieurs* personnes ou *plusieurs* choses : *La* foule *des humains, la* multitude *des étoiles, un* peuple *de sauvages, une* assemblée *de juges.*

On voit que les collectifs *foule, multitude, assemblée*, quoique du nombre singulier, désignent *plusieurs* personnes, *plusieurs* choses.

62. * On divise les noms *collectifs* en collectifs *généraux* et en collectifs *partitifs*.

63. * Le collectif *général* exprime la totalité des objets qu'il désigne : *La* foule *des humains, la* multitude *des étoiles, le* peuple *français, mon* troupeau *de moutons*.

REM. Le *collectif* général est ordinairement précédé de l'un des mots, *le, la, ce, cette, mon, ton*, etc., excepté dans *la plupart, le plus grand nombre*, qui ne sont que des collectifs *partitifs*.

64. * Le collectif *partitif* est celui qui indique seulement une collection *partielle* des objets dont on parle : *Une* assemblée *de juges, un* troupeau *de moutons, un grand* nombre *d'enfants, la* plupart *des hommes*.

REM. Le collectif *partitif* est ordinairement précédé de l'un des mots *un, une*. (*V.* EXERC., *chap.* II, n⁰ 63).

65. * NOMS COMPOSÉS. On appelle *nom composé*, le nom qui est formé de plusieurs mots équivalant à un seul, comme *Jésus-Christ*, un *chef-lieu*, ton *serre-tête*, son *passe-partout*. (*V.* EXERC., *chap.* II, n⁰ 64).

Questionnaire.

58. Combien y a-t-il de sortes de noms? — 59. Qu'est-ce que le nom *propre*? — Comment nommez-vous les noms qui désignent des objets uniques de leur espèce? — 60. Qu'entendez-vous par noms

communs? — 61. Qu'est-ce qu'un nom *collectif?* — A quoi reconnaît-on facilement qu'un nom est *collectif?* — 62. Comment se
divisent les noms collectifs ? — 63. Qu'est-ce qu'un collectif *général?*
— A quoi le reconnaît-on ? — 64. Qu'entend-on par collectif *partitif?* — A quoi le reconnaît-on ? — 65. Qu'est-ce qu'un *nom composé?*

CHAPITRE II.

DE L'ARTICLE (1).

66. L'*article* est un petit mot qui se place devant le
nom d'un objet connu, déterminé, dont on a déjà une idée
exacte.

L'article comprend sept mots : *Le, la, les, du, des, au,
aux.*

Le livre de ma sœur.

La vertu est préférable à tous les biens.

Dans le premier exemple, l'article *le* précède le nom *livre*, parce que ce nom est déterminé par l'expression *de ma
sœur*; en effet, à l'aide de cette expression, on connaît
exactement de quel *livre* il s'agit.

Dans le second exemple, l'article (*la, les*) précède les
noms *vertu* et *biens*, parce que ces noms désignent des objets déterminés, c'est-à-dire dont on a une idée exacte et
complète, sans qu'il soit besoin d'autres mots pour les
faire connaître.

67. Ainsi l'*article* ne détermine pas par lui-même le
nom ; il sert seulement à indiquer que le nom est pris
dans un sens déterminé.

68. L'*article*, ordinairement placé devant un nom *commun*, se trouve quelquefois devant un nom *propre* ; mais
alors il y a toujours un nom commun sous-entendu : *Le
Portugal*, pour *le royaume* de Portugal ; — *La Suède, la
Russie*, pour *la contrée* appelée *Suède, Russie ; — Les
Apennins, les Alpes*, pour *les monts, les montagnes* appelées *Apennins, Alpes*, etc.

69. On distingue deux sortes d'*articles* : L'article *simple*
et l'article *composé* ou *contracté*.

_____

(1) *Article* vient d'un mot latin *articulus*, qui signifie *petit membre, particule servant à lier.*

70. L'article *simple* comprend trois mots : *Le, la, les.*
Il est nommé *simple*, parce qu'il ne se forme que d'un mot.

On emploie *le* pour le *masculin sing.*, *la* pour le *féminin sing.*, *les* pour le *pluriel* des deux genres : *Le* père,
la mère, *les* frères, *les* sœurs. (V. EXERC., *chap.* III,
n⁰ˢ 65 à 69.).

71. On supprime les voyelles *a, e* de l'article *le, la,*
et on les remplace pour une apostrophe (15) devant un
mot commençant par une *voyelle* ou un *h* muet: *L'enfant,*
pour *le enfant* ; *l'homme,* pour *le homme,* etc : C'est ce
qu'on appelle faire une *élision,* et l'article, dans ce cas, se
dit article *élidé.*

72. EXCEPTION. L'élision n'a pas lieu devant les mots *un,
onze, oui.* On dit : *Le un, le onze, la onzième heure, le
oui.—Le un* (le nombre *un*) sort plus souvent que le *deux.*
(V. EXERC., *chap.* III, n⁰ˢ 65 à 69.).

73. L'article *composé* ou *contracté* est ainsi nommé
parce qu'il se compose de deux mots réunis en un seul; il
se forme de l'article simple *le* ou *les,* et de l'un des mots
à ou *de.* Avec cette combinaison, on obtient quatre mots
pour l'article contracté : *Du, des, au, aux.*

Du, masculin sing., est mis pour *de le* ; *des,* plur. des
deux genres, pour *de les* ; *au,* masculin sing., pour *à le* ;
aux, plur. des deux genres, pour *à les.* (V. EXERC.,
chap III, n⁰ˢ 65 à 69).

74. Au singulier, la contraction n'a lieu que pour le
masculin, et devant une consonne ou un *h* aspiré: *Je viens
du jardin, du hameau ; je vais au jardin, au hameau.*
Au féminin sing., il n'y a pas de contraction : *Je viens de
la chambre.*

75. Ce qui prouve que l'article contracté *du, au* est
bien mis pour *de le, à le,* c'est que devant une *voyelle* ou
un *h* muet, on emploie *de le, à le* dans le même sens : *Le
livre de l'élève; il faut tout expliquer à l'enfant; sacri-
fiez votre intérêt à l'honneur.*

76. Au pluriel, la contraction est commune aux deux
genres : *La gloire des enfants, des hommes, des héros,
des armées ; aux enfants, aux hommes, aux héros, aux armées.* (V. EXERC., *chap.* III, n⁰ˢ 65 à 69).

77 *. ARTICLES PARTITIFS. Les articles composés *du,*

des, de le, de la sont appelés articles *partitifs,* quand ils sont devant un nom employé dans un sens *partitif,* c'est-à-dire pour désigner une portion, une *partie* des objets dont on parle: *Donnez-moi du beurre, je vous prie* (c'est-à-dire une *partie,* un morceau de tout le beurre qui est là).

Votre frère a des camarades instruits (c'est-à-dire *quelques* camarades, une *partie* de tous les camarades qui existent).

Avez-vous de l'argent? (c'est-à-dire *quelque* argent, une portion de tout l'argent qui existe).

Ils ont de la fortune (c'est-à-dire *quelque* fortune, une partie de toute la fortune qui existe).

Rem. La différence de signification entre l'article *composé* proprement dit et l'article *partitif* est très sensible : l'article *composé* s'emploie entre deux noms d'objets dont le premier est dans la dépendance, dans la possession du second : *La puissance du créateur; l'autorité des lois; le livre de l'élève; la bonté de la mère.*

L'artice *partitif,* au contraire, ne s'emploie absolument que pour désigner une *partie* des objets dont il s'agit : *Donnez-moi du beurre, du pain. (V,* Exerc., *chap.* III, nᵒˢ 70, 71).

Questionnaire.

66. Qu'est-ce que l'*article? —* Montrez, par un exemple, comment un nom est pris dans un sens déterminé. — 67. L'article détermine-t-il par lui-même le nom? — 68. Qu'y a-t-il à dire sur l'article placé avant certains noms propres ? — 69. Combien distingue-t-on de sortes d'articles? — 70. Qu'est-ce que l'article *simple? —* 71. Qu'est-ce que l'élision ? — Dans quels cas a-t-elle lieu ? — 72. Devant quels mots l'élision n'a-t-elle pas lieu? —73. Qu'est-ce que l'article *composé* ou *contracté? —* 74. Pour quel genre et pour quel nombre la contraction a-t-elle lieu? — 75. Comment reconnaît-on que les articles *du, au,* sont mis pour *de le, à le?* — 76. La contraction est-elle commune aux deux genres au *pluriel? —* 77 Qu'entendez-vous par articles *partitifs ? —* En quoi diffèrent-ils, par leur signification, des articles *composés ?*

CHAPITRE III.

DE L'ADJECTIF (1).

(Le maître doit toujours exiger que l'élève explique chaque règle sur les exemples donnés.).

78. L'*Adjectif* est un mot que l'on joint au nom pour

_____

(1) *Adjectif* vient d'un mot latin *adjectus,* qui signifie *ajouté à, joint à.*

marquer la qualité, la forme, la couleur, la manière d'être en général des personnes ou des choses.

Dans ces exemples : L'*homme juste*, une *bonne mère*, l'*enfant studieux*, une *table ronde*, un *habit noir*, les mots *juste*, *bonne*, *studieux*, *ronde* et *noir* sont des adjectifs.

(Pourquoi?)

79. On distingue deux sortes d'adjectifs : Les adjectifs *qualificatifs* et les adjectifs *déterminatifs*.

DES ADJECTIFS QUALIFICATIFS.

80. L'adjectif *qualificatif* est celui qui *qualifie*, qui marque la qualité: *Juste, bon, bonne, grand, petit, rouge, noir*, etc.

Un *bon* père, un *grand* jardin, une fleur *rouge*, un élève *studieux*, un homme *juste* et *généreux*. (V. EXERC., chap. IV, nᵒˢ 86 à 97).

81 *. REM. 1° Le nom sert quelquefois à qualifier, alors il est adjectif *qualificatif*. On le reconnaît pour *adjectif*, quand il ne peut être précédé ni de l'*article*, ni d'un adjectif *déterminatif* (128) : *Cet homme était avocat, il est devenu ministre*.

(Expliquez cela).

2° *. De même, l'adjectif qualificatif devient *un nom*, lorsqu'il désigne une personne ou une chose ; dans ce cas, il est précédé de l'article ou d'un adjectif déterminatif (128) : *Donnez aux* pauvres; *le sage préfère l'*utile *à l'*agréable ; *c'est un* malheureux.

Les mots *pauvres, sage, utile, agréable, malheureux*, sont des adjectifs, de leur nature ; mais ici ce sont des *noms*, parcequ'ils représentent des personnes, des choses; et en effet, les mots *personne* et *chose* sont sous-entendus dans les exemples ci-dessus. (V. EXERC., *chap.* IV, nᵒˢ 86 à 97).

82. ACCORD DE L'ADJECTIF. Tout adjectif est du même *genre* et du même *nombre* que le nom auquel il se rapporte : *Le frère* content, *la sœur* contente, *les frères* contents, *les sœurs* contentes. (V. EXERC., *chap.* IV; nᵒ 98).

83. On met l'adjectif au *pluriel*, s'il se rapporte à plusieurs noms singuliers : *Le père et le fils* bons ; *la mère et la fille* bonnes. (V. EXERC., *chap.* IV, nᵒ 99).

84. On met l'adjectif au *plur. masculin*, quand il se rapporte, en même temps, à un nom *féminin* et à un nom *masculin* : *Le père et la mère* bons, heureux, contents. (V. EXERC., *chap.* IV, n° 100).

Questionnaire.

78. Qu'est-ce que *l'adjectif?* — **79.** Combien y a-t-il de sortes d'adjectifs? — **80.** Qu'est-ce que l'adjectif *qualificatif?* — **81.** Dans quel cas le nom est-il employé comme *adjectif qualificatif?* — Quand l'adjectif est-il employé comme *substantif?* — **82.** De quel genre et de quel nombre est l'adjectif? — **83.** A quel nombre met-on l'adjectif qui se rapporte à plusieurs noms singuliers? — **84...** celui qui se rapporte, en même temps, à un nom masculin et à un nom féminin?

Formation du féminin dans les adjectifs.

85. Pour avoir le *féminin* d'un adjectif, il faut ajouter un *e* muet au masculin : *Un homme* grand, *une femme* grande ; *un habit* noir, *une robe* noire ; *un chat* gris, *une chatte* grise ; *méchant*, méchante ; *sensé*, sensée, etc. (V. EXERC., *chap.* IV, n° 101).

86. Si l'adjectif *masculin* est déjà terminé par un *e* muet, il ne change pas de forme pour le *féminin* :

Un fils aimable, *une fille* aimable ; *le devoir* facile, *la leçon* facile. (*V.* EXERC., *chap.* IV, n° 102).

87. *. EXCEPTIONS.— 1° Les adjectifs terminés au masculin par *el* ou *eil* prennent deux *l* et un *e* muet pour le *féminin* :

Cruel, *cruelle* ; pareil, *pareille* ; vermeil, *vermeille.* (*V.* EXERC., *chap.* IV, n° 103).

88. * 2° Les adjectifs terminés par *ien* ou par *on* prennent deux *n* et un *e* muet pour le *féminin* :

Ancien, *ancienne* ; chrétien, *chrétienne* ; bon, *bonne*, etc. (*V.* EXERC., *chap.* IV, n° 104.).

89. * 3° Les adjectifs terminés par *et*, ont deux *t* et un *e* muet au *féminin* :

Coquet, *coquette* ; muet, *muette* ; net, *nette*. (*V.* EXERC., *chap.* IV, n° 104).

90. * REM. Cependant il y a *huit* adjectifs en *et* dont le féminin se forme par la simple addition d'un *e* muet ; mais la prononciation exige alors un accent *grave* sur la voyelle *e* qui précède *t* :

Complet, *complète* ;	indiscret, *indiscrète* ;
concret, *concrète* ;	inquiet, *inquiète* ;
discret, *discrète* ;	replet, *replète* ;
incomplet, *incomplète* ;	secret, *secrète*.

(*V.* Exerc., *chap.*, IV, n° 105).

91. * 4° Les adjectifs en *er*, au masculin, forment aussi leur féminin par l'addition d'un *e* muet et d'un accent grave sur l'*e* qui précède *r* :

Léger, *légère*; premier, *première*, etc. (*V.* Exerc., *ch.* IV, n° 105).

92. * 5° Dans les adjectifs suivants, on forme le *féminin* en doublant la dernière consonne et en ajoutant un *e* muet :

Gentil, *gentille* ; nul, *nulle* ; paysan, *paysanne* ; pâlot, *pâlotte*; sot, *sotte*; vieillot, *vieillotte*. (*V.* Exerc., *chap.* IV, n° 106).

93. * Rem. Les adjectifs *bigot*, *dévot*, *manchot*, ne prennent qu'un *t* au fém. : *bigote*, *dévote*, *manchote* (85).

94. * 6° Les sept adjectifs suivants prennent deux *s* et un *e* muet pour le féminin : *bas*, *basse*; *épais*, *épaisse*; *exprès*, *expresse* ; *gras*, *grasse*; *gros*, *grosse* ; *las*, *lasse*; *profès*, *professe*; (*profès*, religieux qui a fait des vœux) — (*V.* Exerc., *chap.* IV, n° 106).

Rem. Les autres adjectifs terminés par *s* suivent la règle générale (85) et prennent un *e* muet pour le féminin : *Gris*, *grise; mauvais*, *mauvaise*, etc.

95 *. 7° Les cinq adjectifs *beau*, *jumeau*, *nouveau*, *fou*, *mou*, font au féminin : *belle*, *jumelle*, *nouvelle*, *folle*, *molle*.

Les quatre derniers font aussi au masculin : *Bel*, *nouvel*, *fol*, *mol*, quand ils sont devant une *voyelle* ou un *h* muet : *Un* bel *oiseau*, *un* nouvel *habit*, *un fol espoir*, *un* mol *abandon*. (*V.* Exerc., *chap.*, IV, n° 107).

96 *. 8° Les adjectifs masculins terminés par *f* changent *f* en *ve* pour le féminin : *Actif*, *active* ; *bref*, *brève*, etc. (*V.* Exerc., *chap.* IV, n° 107).

97 *. 9° Les adjectifs terminés par *x*, changent *x* en *se* (prononcer *ze*) pour le féminin : *Audacieux, audacieuse* ; *curieux, curieuse* ; *jaloux, jalouse*, etc. (V. EXERC., *chap.* IV, n° 108).

98 *. 10° REM. Parmi les adjectifs terminés par *x*, il faut excepter ces cinq : *Doux, faux, préfix, roux* et *vieux*, dont le féminin est *douce, fausse, préfixe, rousse* et *vieille*.

Vieux fait aussi *vieil* au masculin devant une voyelle ou un *h* muet : *Un* vieil *ami, un* vieil *homme*. (V. EXERC., *chap.* IV, n° 108).

99 *. 11° Les adjectifs en *eur* qui viennent du participe *présent* d'un verbe, comme *danseur* (de *dansant*), etc., changent *eur* en *euse* pour le féminin : *Boudeur, boudeuse* ; *chanteur, chanteuse* ; *danseur, danseuse* ; *devineur, devineuse* ; *pêcheur, pêcheuse* ; *vendeur, vendeuse*, etc.

REM. *Chanteur* fait *cantatrice* au féminin, quand il s'agit d'une femme habile, célèbre dans l'art du chant. (*V.* EXERC., *chap.* IV, n° 109).

100 *. 12° Quoique régulièrement formés d'un participe présent, plusieurs adjectifs ont diverses formes pour le féminin. Ainsi 1° *Exécuteur* fait au féminin *exécutrice* ; inspecteur, *inspectrice*, inventeur, *inventrice* ; persécuteur, *persécutrice*.

2° *Chasseur* fait au féminin *chasseuse* et *chasseresse* ; (ce dernier en style poétique); *enchanteur, enchanteresse* ; *pêcheur*, (qui commet des péchés), *pécheresse* ; *vengeur, vengeresse*.

3° En termes de palais, *défendeur* fait au féminin *défenderesse* ; *demandeur, demanderesse* ; *bailleur*, (de fonds, d'argent), *bailleresse* ; *vendeur, venderesse*. (*V.* EXERC., *chap.* IV, n° 109 .

101 *. 13° Les adjectifs en *teur*, non formés d'un participe présent, changent *teur* en *trice* pour le féminin : *Accusateur, accusatrice* ; acteur, *actrice* ; appréciateur, *appréciatrice* ; auditeur, *auditrice* ; calculateur, *calculatrice* ; conducteur, *conductrice* ; consolateur, *consolatrice* ; créateur, *créatrice* ; débiteur, (celui qui doit), *débitrice* ; délateur, *délatrice* ; protecteur, *protectrice* ; spoliateur, *spoliatrice* ; traducteur, *traductrice*.

REM. 1° *Débiteur* fait *débiteuse* au féminin, quand on

parle d'une marchande en détail ou d'une femme bavarde:
c'est une débiteuse *de nouvelles.*

2° *Amateur* s'écrit de la même manière pour les deux
genres : *Un homme* amateur, *une femme* amateur. (V.
EXERC., *chap.* IV, n° 110.)

102 *. 14° Les adjectifs *ambassadeur, garant, gouverneur, serviteur,* font au féminin : *Ambassadrice, garante,
gouvernante, servante.* (V. EXERC., *chap.* IV, n° 110.)

REM. Les adjectifs en *érieur,* comme *antérieur, extérieur,
inférieur, supérieur,* ainsi que *majeur, meilleur, mineur,*
forment régulièrement (85) leur féminin par l'addition
d'un *e* muet : *Antérieure, extérieure,* etc. , — *majeure,
meilleure, mineure.* (V. EXERC., *chap.* IV, n° 12).

103 *. 15° Quelques adjectifs qui expriment des états,
des professions exercées principalement par des hommes,
ne changent pas de forme au féminin : *Auteur, compositeur, docteur, graveur, littérateur, orateur, poète, profes-
seur,* etc. : *Un homme* auteur, *une femme* auteur, etc. (1).

Il en est de même des adjectifs qui annoncent des habitudes, des penchants plus ordinaires chez l'homme que
chez la femme : *Agresseur, cabaleur, imposteur, succes-
seur,* etc. (*V.* EXERC., *chap.* IV, n° 111).

REM. Les adjectifs en *eur* et en *teur* s'emploient bien
plus souvent comme *substantifs* que comme *adjectifs.*

104 *. 16° La prononciation exige que certains adjectifs
tels que *aigu, ambigu, contigu, exigu,* fassent leur féminin par l'addition d'un *e* surmonté d'un tréma : *Aiguë,
ambiguë, contiguë, exiguë,* (V. EXERC., *chap.* IV, n° 111).

105 *. 17° D'autres adjectifs forment leur féminin très
irrégulièrement, tels sont les suivants :

masculin.	féminin.	masculin.	féminin.
blanc,	blanche.	grec,	grecque.
frais,	fraîche.	long,	longue.
franc,	franche.	oblong,	oblongue.
franc,	franque (nation, langue).	bénin,	bénigne.
sec,	sèche.	malin,	maligne.
ammoniac,	ammoniaque.	devin,	devineresse.

(1) Lorsque ces mots sont substantifs, ils adoptent le genre *masculin,* lors même qu'ils se disent d'une femme : *Cette femme est un
charmant auteur, un poète distingué, un littérateur remarquable.*

caduc,	caduque.	coi (*calme*),	coite.
public,	publique.	favori,	favorite.
turc,	turque.	tiers,	tierce.

(*V.* EXERC., *chap.* IV, n° 112).

106 *. 18° Les adjectifs *grognon* et *témoin* n'ont que cette forme pour les deux genres.

107 *. 19° Certains adjectifs, tels que *aquilin, artisan, châtain, dispos, fat, hébreu, partisan, vélin,* etc., ne s'emploient qu'au masculin. — Cependant quelques auteurs ont écrit *hébreue* au féminin : Une *femme hébreue.* Cet adjectif fait aussi *hébraïque* pour les deux genres, mais seulement lorsqu'il est précédé de l'un des noms *culte, grammaire, langue, mœurs* : Les mœurs *hébraïques,* le culte *hébraïque,* etc. (*V.* EXERC., *chap.* IV, n° 112).

Questionnaire.

85. Comment se forme le *féminin* dans les adjectifs ? — 86. Qu'arrive-t-il si l'adjectif est déjà terminé par un *e* muet au *masculin* ? — 87. Comment se forme le féminin des adjectifs en *el* et en *eil* ? — 88. ... des adjectifs en *ien* et en *on* ? — 89. ... des adjectifs en *et* ? — 90. Quels adjectifs en *et* sont exceptés ? — 91. ... des adjectifs en *er* ? — 92. Comment forme-t-on le féminin des adjectifs *gentil, nul, paysan, sot, vieillot* ? — 93. REM. Comment se forme le féminin des adjectifs *bigot, dévot, manchot* ? — 94. ... des adjectifs *bas, épais, exprès, gras, gros, las, profès* ? — 95. ... des adjectifs *jumeau, beau, nouveau, fou, mou* ? — Qu'y a-t-il à dire sur les quatre derniers ? — 96. Qu'y a-t-il à dire sur le féminin des adjectifs terminés par *f* ? — 97. ... des adjectifs terminés par *x* ? — 98. Cependant quel est le féminin des cinq adjectifs *doux, faux, préfix, roux* et *vieux* ? — *Vieux* n'a-t-il pas une autre forme pour le masculin ? — 99. Comment se forme le féminin des adjectifs en *eur* qui viennent d'un participe présent ? — Que remarquez-vous sur l'adjectif *chanteur* en particulier ? — 100. (1° 2° 3°). Quelles sont, pour le féminin, les autres formes pour certains adjectifs venant aussi d'un participe présent ? — 101. Quel est le féminin des adjectifs en *teur* non formés d'un participe présent ? — Que remarquez-vous en particulier sur les adjectifs *débiteur, amateur* ? — 102. ... sur *ambassadeur, garant, gouverneur, serviteur* ? — ... sur les adjectifs en *érieur* ainsi que sur *majeur, meilleur, mineur* ?

103. Qu'y a-t-il à dire des adjectifs qui expriment des professions exercées principalement par des hommes, comme *auteur, compositeur,* etc. ? — ... de ceux qui annoncent des habitudes plus ordinaires chez les hommes que chez les femmes, (*agresseur cabaleur,* etc.) ? — 104. Comment se forme le féminin des adjectifs *aigu, ambigu, contigu, exigu* ? — 105. Quel est le féminin de certains adjectifs

Aug. Br. *Gr. Fr.*   2

tels que *blanc, frais, franc, sec* ; *ammoniac, caduc, public, turc,
grec* ; — *long, oblong* ; — *bénin, malin* ; — *devin* ; *coi, favori* ;
tiers ? — 106. A quelle observation donnent lieu les adjectifs *grognon*
et *témoin* ? — 107. .. les adjectifs *aquilin, artisan, châtain, dispos, fat, hébreu, partisan, vélin*, etc ? — Qu'y a-t-il à observer en
particulier sur l'adjectif *hébreu* ?

Formation du pluriel dans les adjectifs.

108. RÈGLE GÉNÉRALE. Pour avoir le pluriel d'un adjectif,
on ajoute un *s* au singulier : *Un animal* méchant, *des animaux* méchants ; *une table* ronde, *des tables* rondes ; *un
habit* neuf, *des habits* neufs, etc. (**V. EXERC.,** *chap. IV*,
n° 113. *).*

109. EXCEPTIONS. 1° Les adjectifs terminés au sing.
masculin par *s* ou par *x*, ne changent pas au pluriel : *Un
enfant* gras, *des enfants* gras ; *un homme* vertueux, *des
hommes* vertueux, etc., (**V. EXERC.,** *chap.* IV, n° 114).

110. 2° Les trois adjectifs *bleu, feu, hébreu* sont les
seuls en *eu* qui ne se terminent pas par *x* au singulier. (**V.** 97).

Bleu prend *s* au pluriel : *Des yeux bleus.*

Feu (défunt, mort) prend aussi *s* au plur., mais ce plur.,
est très rare : *Mes feus parents.* On dit mieux : *Mes dé-
funts parents.*

D'ailleurs *feu* reste invariable, quand il y a un autre mot
entre lui et le nom auquel il se rapporte : *Feu mes parents, feu ma sœur.*

Hébreu prend *x* au pluriel : *Les soldats hébreux.* (**V.** 107).

REM. Les deux adjectifs *fou* et *mou* prennent *s* et non
pas *x* au pluriel : *Des hommes fous, des corps mous.*
(**V. EXERC.,** *chap.* IV, n° 115).

111. — 3° Les adjectifs en *eau* comme *beau, jumeau,
nouveau*, prennent *x* au plur. masculin : *Trois beaux livres, deux frères* jumeaux, *quatre nouveaux cahiers.*

112. — 4° Plusieurs adjectifs terminés en *al* forment
leur plur. masc. par le changement de *al* en *aux* : Égal,
égaux ; décimal, décimaux ; moral, moraux.

Un poids égal, deux poids égaux ; *un principe moral,
des principes moraux.* (*V.* EXERC., *chap.* IV, n° 115).

113. — 5° Certains adjectifs en *al* prennent *s* pour le
plur. masc., tels sont *fatal, filial, final, glacial, initial, jo-
vial, matinal, nasal, naval, pascal, théâtral* :

Des instants fatals; *des sons* finals; *des sentiments* filials; *des sons* initials, labials, nasals, etc. (*V.* Exerc., *chap.* IV, n° 116).

114. * 6° L'usage permet de mettre au pluriel masc. en *als* ou en *aux* les adjectifs *austral, boréal, colossal, doctoral, ducal, frugal, labial, médial* et *natal.*

Rem. Cependant en médecine les adjectifs tels que *labial, médial, nasal,* etc, ont toujours le plur. en *aux.* (*V.* Exerc., *chap.* IV, n° 116).

115. * 7° Quelques adjectifs en *al* n'ont point de forme pour le plur. masc., parce qu'ils se joignent ordinairement à des noms féminins; tels sont *bénéficial, canonial, central, diagonal, diamétral, expérimental, instrumental, lustral, médical, médicinal, mental, paroissial, patronal, virginal, vocal, zodiacal :*

Une fête patronale; *la musique* vocale, etc.

Rem. Si quelques-uns de ces adjectifs se joignaient à des noms *masculins*, ils se termineraient en *aux* pour le pluriel : *Des points centraux; des sons vocaux,* etc. (*V.* Exerc., *chap.* IV. n° 116).

116. Les adjectifs terminés au singulier par *ent* ou par *ant*, conservent le *t* au pluriel : *Un homme prudent, des hommes prudents; un combat sanglant, des combats sanglants.*

Tout est le seul adjectif qui perde le *t* au pluriel :

Tous les hommes sont égaux devant Dieu. (*V.* Exerc., *chap.* IV, n° 117).

Questionnaire.

108. Comment forme-t-on le pluriel dans les a jectifs? — 109. Qu'y a-t-il à dire des adjectifs déjà terminés au singulier par *s* ou par *x*? — 110. .. des adjectifs *bleu, feu, hébreu; fou, mou?* — 111. Comment se forme le pluriel masculin des adjectifs en *eau?* — 112. .. des adjectifs en *al?* — 113. Citez des adjectifs en *al* dont le pluriel se forme par un *s*. — 114. Qu'y a-t-il à dire des adjectifs *austral, boréal, colossal, doctoral, ducal, frugal, labial, médial* et *natal?* — 115. Citez quelques-uns des adjectifs en *al* qui n'ont pas de forme pour le pluriel masculin. — 116. Qu'y a-t-il à observer sur les adjectifs terminés par *ent* ou par *ant?* — ... sur le mot *tout?*

DEGRÉS DE QUALIFICATION DANS LES ADJECTIFS.

117. * On distingue, dans les adjectifs qualificatifs, trois

degrés de signification : Le *positif*, le *comparatif* et le *superlatif*.

118. * Le *positif* est la signification simple de l'adjectif : *Beau, belle, grand, vertueux*, etc. : *Un* beau *jardin*.

119. * Le *comparatif* est l'emploi de l'adjectif dans le sens de *comparaison* entre deux ou un plus grand nombre d'objets. Mais, quand on *compare* deux personnes ou deux choses, on trouve que l'une est ou *supérieure*, ou *égale*, ou *inférieure* à l'autre en qualité ; il y a donc trois sortes de *comparatifs* : Le comparatif de *supériorité*, le comparatif d'*égalité*, et le comparatif d'*infériorité*.

120. * Le comparatif de *supériorité* marque une qualité *supérieure*, plus grande, et se forme avec le mot *plus* (1) que l'on joint au positif : *Plus beau, plus belle, plus grand*, etc. : *La sœur est* plus sage *que le frère*.

121. * Le comparatif d'*égalité* marque une qualité *égale* entre les objets comparés, et se forme à l'aide de l'un des mots *aussi, autant*, que l'on joint au positif :

> *Le fils est* aussi sage *que la fille ;*
> *Notre cousine est* autant estimée *que notre tante.*

122. * Le comparatif d'*infériorité* marque une qualité *inférieure*, moindre dans l'un que dans l'autre objet, et se forme à l'aide du mot *moins* que l'on joint au positif : *Le fer est* moins dur *que l'acier*.

123. * REM. Quelques adjectifs expriment à eux seuls un comparatif de *supériorité*, parce que leur signification a la valeur d'un *positif* précédé de *plus* :

majeur, qui signifie	*plus âgé, plus grand ;*
meilleur,	*plus bon* (ce qui ne se dit pas) ;
mineur,	*plus petit, plus jeune ;*
moindre,	*plus petit ;*
pire,	*plus mauvais :*
antérieur,	*arrivé plus tôt ;*
postérieur,	*arrivé plus tard ;*
supérieur,	*plus élevé, plus grand, plus considérable.*

---

(1) Quand le qualificatif est un participe, le comparatif de *supériorité* se marque aussi à l'aide du mot *mieux* : *Le devoir de ta sœur est* mieux fait *que le tien. (Mieux* est pour *plus bien*, qui ne se dit pas).

124. * SUPERLATIF. Le *superlatif* est l'emploi de l'adjectif marquant une qualité portée à un très haut degré, au plus haut degré de supériorité ou d'infériorité : *Le plus sage, le moins sage.*

125. * Il y a deux sortes de superlatifs : Le superlatif *relatif* et le superlatif *absolu.*

126. * Le superlatif *relatif* marque une comparaison générale ; il se forme à l'aide des mots *le, la, les, mon, ton, son, ma, ta,* etc., que l'on place devant un comparatif de *supériorité* ou d'*infériorité.* (120, 122).

> La *guerre* LA PLUS HEUREUSE *est* LE PLUS GRAND FLÉAU *des peuples.* (Fénélon).
> C'est SON MOINDRE *défaut* (La Fontaine).

REM. Le superlatif de *meilleur* est donc *le meilleur, la meilleure,* etc., et celui de *pire* est *le pire,* etc.

127. * Le superlatif *absolu* ne marque pas de comparaison. Il indique une qualité dans un très haut degré *absolument,* sans aucun rapport avec d'autres objets. On le forme à l'aide des expressions invariables *le plus, le mieux, le moins, bien, très, fort, extrêmement, infiniment* que l'on met devant le positif (118). *Le plus riche, très puissant, bien heureux.*

> La *toilette* LE MIEUX FAITE *pare bien moins que la vertu* (Toilette faite avec *le plus* de perfection).
> *Cette dame ne pleure pas lors même qu'elle est* LE PLUS AFFLIGÉE. (*Affligée* au plus haut degré). —(*V.* EXERC., *chap.* IV, nos 118 à 121).

Questionnaire.

117. Combien y a-t-il de degrés de signification dans les adjectifs? — 118. Qu'est-ce que le *positif?* — 119. Qu'est-ce que le *comparatif?* — Combien y a-t-il de sortes de comparatifs? — 120. Que signifie le comparatif de *supériorité?* — 121. .. le comparatif d'*égalité?* — 122. .. le comparatif d'*infériorité?* — 123. Quels adjectifs marquent à eux seuls un comparatif de *supériorité?* — 124. Qu'est-ce que le *superlatif?* — 125. Combien y a-t-il de sortes de superlatifs? — 126. Qu'y a-t-il à dire sur le superlatif *relatif?* — 127. ... sur le superlatif *absolu?*

DES ADJECTIFS DÉTERMINATIFS.

128. Les adjectifs *déterminatifs* sont ainsi nommés, parce

qu'ils *déterminent*, parce qu'ils précisent le sens particulier des noms auxquels ils sont joints.

En effet, quand je dis *mon livre*, le sens particulier du mot *livre* est précisé, déterminé par le mot *mon*; car ici *mon* indique clairement que le livre est à *moi*; *mon* est donc un adjectif *déterminatif*.

Rem. On voit par là que l'adjectif *déterminatif* est le contraire de l'*article* (67), car l'article annonce seulement que le sens particulier d'un nom *doit être déterminé*, tandis que l'adjectif *déterminatif* détermine tout seul le sens de ce nom.

129. Il y a quatre sortes d'adjectifs déterminatifs : Les adjectifs *numéraux*, les adjectifs, *démonstratifs*, les adjectifs *possessifs* et les adjectifs *indéfinis*.

1° *Adjectifs numéraux.*

130. Les adjectifs *numéraux* sont ceux qui déterminent les noms en marquant une idée de nombre.

131. On divise les adjectifs numéraux en deux classes : En adjectifs *numéraux-cardinaux*, et en adjectifs *numéraux-ordinaux*.

132. L'adjectif *numéral-cardinal* (1) marque simplement la quantité, le nombre : *Un*, *deux*, *trois*, *quatre*, *vingt*, *cent*, *mille*, etc.

133. L'adjectif *numéral-ordinal* (2) ajoute à l'idée de nombre celle de l'*ordre*, du rang qu'occupe une personne ou une chose : *Premier*, *second*, *deuxième*, *troisième*, *quatrième*, *vingtième*, *centième*, *millième*, etc.

Le premier qui fut roi fut un soldat heureux. (*Voltaire*).

2° *Adjectifs démonstratifs.*

134. L'adjectif *démonstratif* est celui qui détermine le nom en y ajoutant une idée d'indication, c'est-à-dire qu'avec cet adjectif on montre ou l'on semble montrer l'objet dont on parle.

---

(1) *Cardinal*. Ce mot vient du latin *cardo* (...*inis*), qui signifie *gond*, *pivot*; en effet le nombre *cardinal* est comme la base, le *pivot* sur lequel tournent, reposent tous les nombres.

(2) *Ordinal* vient aussi du latin *ordo* (... *inis*), qui signifie *ordre*, *rang*.

135. Il y a quatre adjectifs démonstratifs : *Ce, cet, cette, ces.*

Ce, pour le masculin singulier, ne se place que devant une *consonne* ou un *h* aspiré : *Ce livre, ce hameau.*

Cet, pour le masculin singulier, ne se place que devant une *voyelle* ou *h* muet : *Cet enfant, cet homme.*

Cette est pour le féminin singulier : *Cette armoire, cette chambre.*

Ces, pour le pluriel des *deux* genres : *Ces livres, ces chambres.*

3° *Adjectifs possessifs.*

136. L'adjectif *possessif* détermine le nom par l'idée de *possession* qu'il y ajoute. Les adjectifs possessifs sont :

SINGULIER.		PLURIEL.
Masculin :	*Féminin :*	*Des deux genres :*
mon,	ma,	mes,
ton,	ta,	tes,
son,	sa,	ses.
notre,	notre,	nos,
votre,	votre,	vos,
leur.	leur.	leurs.

mon livre ; *ta* plume ; *ses* cahiers ; *nos* devoirs, *etc.*

137. Rem. Par euphonie, c'est-à-dire pour l'agrément de la prononciation, on emploie *mon, ton, son,* au lieu de *ma, ta, sa,* devant un nom féminin commençant par une *voyelle* ou par un *h* muet : *Mon espérance, ton humeur, son épée.* Dans ce cas, *mon, ton, son,* se trouvent être du genre *féminin.*

138. Les adjectifs *indéfinis* sont ainsi nommés parce qu'ils modifient les noms en y attachant un sens général, indéfini. Ces adjectifs sont :

Masculins :	*Féminins :*	*Des deux genres :*
Aucun,	aucune,	autre,
certain,	certaine,	chaque,
maint (*plus d'un*),	mainte (*plus d'une*),	même,
nul,	nulle,	plusieurs,
quel,	quelle,	quelconque,
tel,	telle,	quelque.
tout,	toute,	(Ils ont le genre du
un.	une.	nom auquel ils sont joints.)

Aucun homme, *aucune* femme; *chaque* jour, *chaque* semaine, etc.

139. * REM. 1° Les mots *autre, certain, nul, plusieurs* ne sont adjectifs indéfinis que lorsqu'ils sont placés avant le nom :

Un autre devoir; certain auteur (pour indiquer un auteur qu'on ne veut pas nommer); *nul homme; plusieurs affaires.*

Mais, placés après un nom ou un pronom, ces mêmes mots deviennent adjectifs *qualificatifs*, comme dans ces exemples :

Il est tout autre qu'il n'était (c'est-à-dire tout *différent*);

C'est un fait certain (*un fait* réel, vrai);

C'est un homme nul (*incapable*);

Ils étaient plusieurs (c'est-à-dire *nombreux*).

2° De même *un* est adjectif *indéfini* et non adjectif *numéral*, quand il a le sens de *certain, tout, quelconque*, c'est-à-dire quand il ne désigne plus un nombre :

Un jeune homme bien instruit est toujours modeste.

3° *Quelconque* est le seul adjectif déterminatif qui se place toujours après le nom : *Un livre quelconque; une affaire quelconque.* (*V.* EXERC., *chap.* IV, n°ˢ 122 à 136).

Questionnaire.

128. Qu'entend-on par adjectifs *déterminatifs?* — Quelle différence y a-t-il entre eux et l'*article?* —129. Combien y a-t-il de sortes d'adjectifs déterminatifs? — 130. Qu'entend-on par adjectifs *numéraux?*— 131. Comment les divise-t-on? — 132. Qu'est-ce que l'adjectif *numéral-cardinal?* — 133. .. l'adjectif *numéral-ordinal?* — 134. Qu'est-ce que l'adjectif *démonstratif?* — 135. Combien y a-t-il d'adjectifs *démonstratifs?* — Devant quels noms s'emploient *ce, cet, cette* et *ces?* — 136. Qu'est-ce que l'adjectif *possessif?* — 137. Qu'y a-t-il à observer sur *mon, ton, son?* — 138. Qu'entend-on par adjectifs *indéfinis?* — Citez des exemples. — 139. Que remarquez-vous sur les mots *autre, certain, nul, plusieurs?* — ... sur *un?* — ... sur *quelconque?*

CHAPITRE IV.

DU PRONOM (1).

(L'élève justifie toujours chaque règle sur les exemples donnés).

140. Le *pronom* est un mot qu'on met à la place du

---

(1) *Pronom.* Ce mot vient de deux mots latins *pro* (pour) et *nomen* (le nom).

nom pour en rappeler l'idée et pour en éviter la répétition.

Ainsi, quand on dit : *Mon père est à la campagne* ; il *reviendra demain*, sans le mot *il*, on serait obligé de répéter le nom *père*, et de dire : *Mon* père *est à la campagne ; mon* père *reviendra demain*. Le mot *il* est donc un *pronom*. (Les autres pronoms s'expliquent de la même manière.)

141. DES PERSONNES DANS LE DISCOURS. Il y a trois personnes (1) dans le discours : La première est celle *qui parle*, la seconde est celle *à qui l'on parle*, la troisième est celle *dont on parle*.

142. 1° Quand *la première personne* se désigne elle-même, elle dit *je* : *Je lis, je travaille ;*

2° On désigne *la seconde personne* par *tu* : *Tu lis, tu travailles ;*

3° La *troisième personne* se représente par un nom : *Dieu est tout-puissant ; la terre est ronde*. Les mots *Dieu* et *terre* étant les objets dont on parle, sont de la *troisième personne*.

Mais, quand on a déjà nommé les objets (140), on les désigne par le pronom *il, elle*. Exemples :

Dieu est tout-puissant, il *fait mouvoir le monde ; la* terre *est ronde*, elle *roule dans les airs.*

143. On compte cinq sortes de pronoms : Les pronoms *personnels*, les pronoms *démonstratifs*, les pronoms *possessifs*, les pronoms *relatifs* et les pronoms *indéfinis*.

144. REM. Les pronoms sont toujours du même *genre*, du même *nombre* et de la même *personne* que le nom dont ils tiennent la place.

1° *Pronoms personnels.*

145. Les pronoms *personnels* sont ceux qui représentent les trois *personnes* du discours plus spécialement que les autres pronoms (141).

---

(1) *Personne* vient du mot latin *persona*, qui signifie *masque de théâtre*, et, par extension, *acteur, personnage, rôle*. — Être la 1re, la 2e, la 3e *personne*, c'est jouer le 1er, le 2e, le 3e rôle dans le discours. Voilà pourquoi, en ce sens, le mot *personne* se dit également des personnes et des choses, des êtres animés et des êtres inanimés.

Ces pronoms sont, pour chaque personne, savoir :

146. Première personne du singulier : *Je*, *me*, *moi*,
     idem   du pluriel : *Nous*.
147. Seconde personne du singulier : *Tu*, *te*, *toi*,
     idem   du pluriel : *Vous*.
148. Troisième personne du singulier : *Il*, *elle*, *le*, *la*,
se, *soi*, *en*, *y*.
          idem   du pluriel : *Ils*, *elles*, *eux*,
les, *leur*, *se*, *soi*, *en*, *y*.

149. REM. 1° Quelquefois, les pronoms *nous* et *vous*
(146 et 147) désignent une seule personne ; alors ils sont
du nombre singulier, et les qualificatifs qui s'y rapportent sont aussi du singulier :

Nous, *Maire de la ville de...*, avons été informé *que* etc.
Mademoiselle, vous êtes indocile : vous *serez punie*.

2° Les mots *le*, *la*, *les* sont *pronoms*, quand ils se joignent à un verbe : *Je* le *vois*; *tu* la *connais*; *nous* les
aimons; *voyez*-le.
Quand *le*, *la*, *les* n'accompagnent pas un verbe, ils se
trouvent nécessairement devant un nom ; et, dans ce cas,
ils sont *articles* : Le *père*, la *mère*, les *enfants* (70).
3° Le pronom *leur* (148), qui est le pluriel de *lui*, se
traduit par *à eux*, *à elles*, et se joint toujours à un verbe :
Je leur parle, c'est-à-dire, *je parle à eux*.
On ne le confondra jamais avec l'adjectif possessif
leur (136), si l'on fait attention que ce dernier est toujours devant un nom et qu'il prend *s* au pluriel : *leur enfant*, *leurs enfants*.
4°* Le pronom *se*, qui n'a que cette forme pour les deux
genres et pour les deux nombres, doit être appelé pronom
réfléchi de la troisième personne, parce qu'il se place toujours devant un verbe dont l'action se *réfléchit*, retourne
sur son auteur : *Il se promène* (V. EXERC., *chap.* V, n°
137 à 165.)

2° *Pronoms démonstratifs.*

150. Les pronoms *démonstratifs* sont ceux par lesquels

on *montre* ou bien on semble *montrer* les objets dont on parle.

Les pronoms démonstratifs sont :

Masc. sing. :	*Fémin. sing.* :	*Masc. plur.* :	*Fémin. plur.* :
ce, celui,	celle,	ceux,	celles,
celui-ci, celui-là,	celle-ci,	ceux-ci,	celles-ci,
ceci, cela.	celle-là.	ceux-là.	celles-là.

Exemples : Voici deux beaux livres; cependant *celui-ci* me plairait plus que *celui-là*; — *cela* est mal; *ceci* vaut mieux.

Nota. Tous ces pronoms sont de la *troisième* personne.

151. * Rem. 1° Il ne faut pas confondre *ce*, pronom démonstratif, avec *ce*, adjectif démonstratif (135). *Ce*, adjectif, se trouve toujours devant un nom : *Ce livre*, *ce soldat*, *ce cheval.*

Ce, pronom, accompagne le verbe *être* et quelquefois le verbe *sembler*, ou bien il est suivi de l'un des pronoms relatifs *qui*, *que*, *quoi*, *dont*. Exemples : *Ce sont des enfants*; *c'est bien lui, ce me semble*; *ce qui arrive*; *ce que vous dites*; *ce à quoi je pense*; *ce dont il s'agit.*

2° Les pronons *celui-ci*, *celle-ci*, *ceci* désignent les objets les plus proches, ou ceux qui ont été nommés les derniers ;

— *Celui-là*, *celle-là*, *cela* indiquent les objets les plus éloignés, ou ceux qui ont été nommés les premiers :

Voici deux beaux livres; mais celui-ci (en montrant le plus proche de soi) *me semble plus instructif que celui-là.*

> Tel est l'avantage ordinaire
> Qu'ont sur la beauté les talents ;
> *Ceux-ci* plaisent dans tous les temps,
> *Celle-là* n'a qu'un temps pour plaire. (*Voltaire*).

(V. Exerc., *chap.* V, n⁰ˢ 137 à 165).

3° *Pronoms possessifs.*

152. Les pronoms *possessifs* sont ceux qui tiennent la place du nom en donnant une idée de possession.

Les pronoms *possessifs* sont :

Masc. sing. :	*Fémin. sing.* :	*Masc. plur.* :	*Fémin. plur.* :
le mien,	la mienne,	les miens,	les miennes,

le tien,	la tienne,	les tiens,	les tiennes,
le sien,	la sienne,	les siens,	les siennes,
le nôtre,	la nôtre,	les nôtres,	les nôtres,
le vôtre,	la vôtre,	les vôtres,	les vôtres
le leur.	la leur.	les leurs.	les leurs.

153. * REM. 1° Tous ces pronoms sont de la *troisième* personne, puisqu'ils remplacent les noms des objets possédés ; mais la première lettre de chacun d'eux (*m, t, s, n, v,* et *leur,* pour *moi, toi, soi, nous, vous, eux,*) indique clairement la *personne* de chaque *possesseur.* Cette remarque s'applique également aux adjectifs possessifs *mon, ton, son, notre, votre, leur,* etc. (136).

2° Les pronoms *le nôtre, le vôtre,* etc., prennent l'accent circonflexe, tandis que les adjectifs possessifs *notre, votre,* s'écrivent sans accent. (*V.* EXERC., *chap.* V, n°s 137 à 165).

4° *Pronoms relatifs ou conjonctifs.*

154. Le pronom *relatif ou conjonctif* (1) est celui qui joint au nom dont il rappelle l'idée, un membre de phrase destiné à expliquer ou à déterminer ce nom :

> Dieu, qui a tout créé, peut tout anéantir.
> Le livre que tu lis appartient à ma sœur.

Le pronom *qui,* sert ici à joindre au nom *Dieu,* le membre de phrase *a tout créé,* qui explique la toute puissance de *Dieu.*

Le pronom *que,* avec le membre de phrase *tu lis,* sert à déterminer le sens du nom *livre.*

Les Pronoms *relatifs* sont :

Qui, que, quoi, dont, lequel, laquelle, lesquels, lesquelles, où.

155. Le nom ou pronom auquel se rapporte le pronom *relatif* étant toujours placé *avant* lui, se nomme *antécédent* du pronom *relatif.*

Dans ces phrases :

> *L'enfant* qui *aime l'étude est estimé ;*
> *J'ai lu le livre* dont *vous parlez ;*
> *Celui* que *je lis est bien intéressant.*

---

(1) *Relatif* signifie *qui se rapporte à* ; et en effet, ce pronom a un rapport immédiat avec le nom qu'il remplace. *Conjonctif* veut dire *qui sert à unir, à joindre ;* ce pronom sert aussi à unir son antécédent au reste de la phrase.

Le nom *enfant* est l'antécédent de *qui* ; *livre* est l'antécédent de *dont*, et le pronom *celui* (150) est l'antécédent de *que*.

Quelquefois, l'*antécédent* est sous-entendu :

Qui ne sait obéir ne saurait commander. (Vilferlé).
C'est-à-dire : *celui* qui *ne sait obéir*, etc.

156. * Rem. 1° Le pronom *relatif* est le seul qui se trouve immédiatement après le nom dont il tient la place (Voyez les exempl. ci-dessus).

2° Le mot *où* n'est pronom *relatif* que lorsqu'il peut se tourner par *lequel, laquelle* :

C'est là une entreprise où (*dans laquelle*) *vous trouverez bien des difficultés.*

Nous verrons plus loin que *où* est aussi *adverbe*. (321).

3° Les pronoms *relatifs* sont toujours du même *genre*, du même *nombre* et de la même *personne* que leur antécédent (155) :

C'est moi qui *suis arrivé le premier* (expliquez);
C'est toi qui *es arrivé le second;*
C'est mon frère qui *est arrivé le troisième ;*
C'est nous qui *avons lu; vous qui..., eux qui..., elle qui...,* etc.
Dieu, que j'aime, dont *j'admire la bonté, me pardonnera.*

4° Le pronom relatif *quoi* n'a généralement pour *antécédent* que l'un des mots *quelque chose, ce, rien* :

Il y a là quelque chose à quoi je ne pensais pas ;
C'est ce à quoi je m'attendais ;
Il n'y a rien à quoi on songe plus qu'à l'argent.

157. PRONOMS INTERROGATIFS. Les pronoms relatifs, excepté *dont*, sont appelés pronoms *interrogatifs*, quand ils servent à interroger. L'antécédent de ces pronoms est toujours sous-entendu :

Qui appelle ? — Que dites-vous ? — A quoi penses-tu ? — Quoi de plus beau que la vertu ? (C'est-à-dire *quelle est la personne* qui *appelle ?* etc.)
En parlant de leçons : *Laquelle étudierons-nous ?*
En parlant de livres : *Lesquels avez-vous lus ?* etc. (V. Exerc., *chap.* V, n°ˢ 137 à 165).

5° *Pronoms indéfinis.*

158. Les pronoms *indéfinis* sont ceux qui rappellent

Aug. Br. *Gr. Fr.* 3

d'une manière vague, *indéfinie*, l'idée des personnes ou des choses.

Ces pronoms sont : *Autrui, chacun, l'un, l'autre, l'un et l'autre, on, personne, quelqu'un, quiconque, qui que ce soit, rien, tout.*

> *On* ne doit jamais mal parler d'*autrui*.
> *Personne* ne songe à *tout* en même temps.

159. * REM. 1° Les adjectifs indéfinis *aucun, autre, certain, tel, même, nul, plusieurs, tel, tout* (138) deviennent *pronoms indéfinis*, quand ils remplacent un nom. *Exemples :*

> *Ce n'est pas cet élève, c'est* un autre *qui aura le prix.*
> *Aucun d'eux ne viendra ; —* nul *ne pense comme vous ; —* plusieurs *croient que...*
> *Tel donne à pleines mains qui n'oblige personne.* (*P. Corneille*).

2° *Tout* s'emploie comme *nom*, comme *adjectif indéfini* et comme *pronom indéfini*.

> *Tout* est un *nom*, quand il est précédé de l'article ou d'un adjectif déterminatif : *Le tout est plus grand que l'une de ses parties.* (Acad.). Au jeu on dit : *J'y vais de mon tout ; vous jouez votre tout,* etc.
> *Tout* est adjectif *indéfini* (138), quand il se joint ou se rapporte à un nom : *Tout le jour, toute la semaine, tous les hommes ; nous sommes tous mortels.*
> *Tout* est pronom *indéfini*, quand il signifie *toutes les choses, la totalité*, sans être joint à un nom : *Tu prends tout ; tu ne me laisses rien. Tout périt ; l'âme seule est immortelle* (V. EXERC., chap. V, n°° 137 à 165).

Questionnaire.

140. Qu'est-ce que le *pronom* ? — **141.** Combien y a-t-il de personnes dans le discours ? — **142.** Par quoi se désigne la première personne ? — ... la seconde ? — ... la troisième ? — Expliquez le mot *personne.* — **143.** Combien y a-t-il de sortes de pronoms ? — **144.** De quel *genre,* de quel *nombre* et de quelle *personne* sont les pronoms ? — **145.** Qu'entend-on par pronoms *personnels* ? — **146.** Quels sont les pronoms de la première personne ? — **147.** ... ceux de la deuxième personne ? — **148.** ... ceux de la troisième personne ? — **149.** Qu'y a-t-il à observer, 1° sur les pronoms *nous* et *vous* ? — ... 2° sur les mots *le, la, les* ? — ... 3° sur le pronom *leur* ?

150. Qu'est-ce que les pronoms démonstratifs ? — De quelle personne sont ces pronoms ? — **151.** 1° Comment distingue-t-on *ce,* pronom, de *ce,* adjectif démonstratif ? — 2° Quelle différence y a-t-il entre les pronoms *celui-ci, celle-ci, ceci* et les pronoms *celui-là,* *celle-là, cela ?* — 152. Qu'entend-on par pronoms *possessifs ?* — 153 *. 1° De quelle personne sont ces pronoms ? — A quoi reconnaît-on la personne de l'objet possesseur auquel ils se rapportent ? — 2° A quelle observation donnent lieu les pronoms *le nôtre, la nôtre, le vôtre,* etc. ? — 154. Qu'est-ce que le pronom *relatif* ou *conjonctif ?* — 155. Qu'entend-on par *antécédent* du pronom relatif ? — 156. 1° Qu'y a-t-il à observer sur la place qu'occupe le pronom relatif ? — 2° ... sur le mot *où* ? — 3° ... sur le *genre,* le *nombre* et la *personne* du pronom relatif ? — 4° ... sur le pronom *quoi* ? — 157. Dans quel cas les pronoms relatifs sont-ils pronoms *interrogatifs ?* — 158. Qu'entendez-vous par pronoms *indéfinis ?* — 159. 1° Quels adjectifs *indéfinis* s'emploient comme pronoms *indéfinis ?* — 2° Qu'y a-t-il à dire en particulier sur le mot *tout ?*

CHAPITRE V.

DU VERBE.

160. Le *verbe* (1) est un mot qui marque l'existence des personnes et des choses, qui unit à elles la *qualité* qu'on juge leur appartenir, ou qui exprime l'*action* qu'elles font.

Cette définition se résume en ces termes : *Le verbe est un mot qui exprime que l'on* est *, ou que l'on* fait *quelque chose.*

Quand je dis : *Dieu est tout-puissant,*

Le mot *est* est le *verbe,* parce qu'il marque l'existence de *Dieu,* et qu'il y joint la qualité de *tout-puissant* que je juge appartenir à Dieu.

Dans cette phrase : *Le Soleil éclaire le monde,*

Le mot *éclaire* est un *verbe,* parce qu'il exprime l'*action* que fait le Soleil.

161. On peut dire qu'il n'y a qu'un seul verbe, qui est *être ;* on le nomme verbe *substantif,* parce qu'il subsiste par lui-même, sans admettre d'autre idée que celle de l'existence : *Je suis, tu étais, il serait,* etc. C'est là sa forme simple, sa forme naturelle.

162. Tous les autres mots appelés *verbes,* tels que *lire, aimer, prier,* etc. , ne sont ainsi nommés que parce qu'ils

_____

(1) Le mot *verbe* vient du mot latin *verbum,* qui signifie *parole, mot, expression.* C'est le mot par excellence ; c'est le terme indispensable à l'émission de nos pensées, et comme l'âme du discours.

renferment en eux le verbe *être ;* c'est qu'en effet, il faut *exister,* pour *lire , aimer, prier,* etc.

De plus ces verbes renferment également un *attribut* ou *adjectif,* et c'est pour cela qu'on les nomme *verbes attributifs,* ou *verbes adjectifs.*

Ainsi les trois verbes *lire , aimer, prier* signifient absolument *être lisant , être aimant, être priant ;* et ce sont ces attributs ou adjectifs *lisant , aimant , priant,* qui les font nommer *verbes attributifs* (1).

163. On connaît mécaniquement qu'un mot est un *verbe,* quand on peut y joindre les pronoms personnels *je, tu , il, elle ; nous , vous , ils , elles.*

Ainsi *chanter* est un verbe , parce qu'on peut dire : *Je chante , tu chantes , il* ou *elle chante , nous chantons,* etc. (V. EXERC., *chap.* VI , n⁰ˢ 166 et 167.)

DU SUJET.

164. * On entend par *sujet* le mot employé pour désigner l'objet qui *est* ou qui *fait* ce que le verbe affirme, ce qu'il annonce.

Ainsi dans *Dieu est tout-puissant,*
le mot *Dieu* est le *sujet* du verbe *est,* parce qu'il désigne l'être qui *est* ce qu'affirme le verbe, c'est-à-dire *tout-puissant.*

Dans *le Soleil éclaire le monde,* (ou, le Soleil *est éclairant....*)

le mot *Soleil* est le *sujet* du verbe *éclaire,* parce qu'il désigne l'objet qui *fait* l'action annoncée par le verbe (2).

---

(1) Le verbe *être* est aussi nommé verbe *abstrait,* parce qu'il marque simplement l'existence, *abstraction* faite de toute autre idée. Au contraire , les verbes *attributifs* sont appelés *concrets,* parce qu'ils présentent, sous une forme composée, l'idée du verbe *être* et celle d'une qualité qui a rapport à une action ou à un état : *Lire* (être lisant); *languir* (être languissant).

Il est essentiel, pour la connaissance parfaite du *verbe,* que l'élève observe sans cesse la présence du verbe *être* dans les verbes *attributifs* ou *concrets.*

(2) Rigoureusement on devrait toujours dire que le *sujet* s'entend de l'objet qui *est* ce que le verbe affirme ; car tous les verbes attributifs se décomposant en verbe *substantif* et en *attribut,* l'explication du premier exemple suffirait pour tous les cas.

Rem. Il résulte des deux exemples ci-dessus que le *verbe* (160) exprime l'*état* où l'*action* du sujet.

165. * On trouve le *sujet* dans le mot qui répond à la question *qui est-ce qui?* pour les personnes, ou *qu'est-ce qui?* pour les choses.

J'aime Dieu; la modestie attire l'estime.

Qui est-ce qui aime Dieu? — Réponse : *Je* (sujet).

Qu'est-ce qui attire l'estime? — Rép. : *La modestie* (sujet).

166. * Rem. 1° Quand le pronom relatif *qui* et son antécédent sont employés comme *sujets* dans une phrase, *qui* est sujet du *premier verbe*, et l'antécédent est sujet du *second :*

L'enfant qui dit toujours la vérité, sera un homme courageux.

Qui est sujet de *dit*, et l'*enfant* et celui de *sera*.

2° Le *sujet* se représente par un *nom* (Dieu est tout-puissant 164); par un pronom (j'aime Dieu 165); ou par un *infinitif* : Mentir *est honteux.* (V. Exerc., *chap.* VI, nos 168 à 170.)

DE L'ATTRIBUT.

167. * On entend par *attribut* le mot qui exprime l'état, la manière d'être du sujet.

Dans cette phrase déjà citée (160) : *Dieu est tout-puissant,*
l'expression *tout-puissant* est l'attribut, parce qu'elle marque la manière d'être du sujet *Dieu.*

168. * Qand le *sujet* dépend seulement du verbe substantif *être*, l'*attribut* est toujours exprimé par un *adjectif*, par un *nom* pris *adjectivement* (81), ou par un *nom* proprement dit :

Je suis *content;* tu seras *soldat*, il était *le chef.*

169. * Quand le *sujet* appartient à un verbe *attributif*, l'*attribut* se rend par un particicipe *présent*, ou par un participe *passé :*

Je *lis*, c'est-à-dire je *suis lisant;* tu *cours*, c'est-à-dire tu *es courant*, etc.

Je suis *estimé;* tu es *aimé;* elle sera *récompensée.*

Rem. Dans les exemples qui précèdent, comme dans tous ceux

qu'on pourrait citer, il est facile de voir que le *verbe* proprement dit (c'est-à-dire *être*), sert toujours à lier l'*attribut* au *sujet*. (*V.* EXERC., *chap.* VI, n°* 171, 172).

DU COMPLÉMENT.

170. * On entend par *complément* (1) tout mot ou toute réunion de mots, qui sert à *compléter* l'idée commencée par un autre mot.

L'amour du travail *est nécessaire* à l'homme.

Sujet incomplet : *l'amour* ; sujet complet : *l'amour du travail* ; *du travail* est donc le complément du *sujet* (du nom *amour*).

Attribut incomplet : *nécessaire* ; attribut complet : *nécessaire à l'homme* ; *à l'homme* est donc le complément de *l'attribut*.

Nous admirons la vertu, (nous *sommes admirant* la vertu).

Sujet complet : *nous*.

Attribut incomplet : *admirant* ; attribut complet : *admirant la vertu* ;
la vertu est donc le complément de l'*attribut*.

171. * Comme on le voit, le *complément* n'est autre chose que l'expression qui détermine, qui précise la signification du mot avec lequel elle est en rapport. (Voyez EXERC., *chap.* VI, n°* 173, 174.)

DES DIFFÉRENTES SORTES DE COMPLÉMENTS.

172. * On distingue trois sortes principales de compléments pour les verbes : le complément *direct*, le complément *indirect* et le complément *circonstanciel*.

173. * Le complément *direct* est celui qui exprime, sans le secours d'aucun autre mot, l'objet sur lequel tombe *directement* l'action du verbe.

Ce complément répond à la question *qui?* pour les *personnes*, et à la question *quoi?* pour les *choses* :

---

(1) *Complément* vient du verbe *compléter*.

J'aime Dieu ; *j'étudie la* grammaire.

J'aime *qui?* — Réponse : *Dieu* (complément direct de *aime);*

J'étudie *quoi?* — Rép. : *La grammaire* (complément direct de *étudie*). (V. EXERC., *chap.* VI, n°ˢ 175, 176.)

174. * Le complément *indirect* est celui qui complète la signification du verbe à l'aide d'une *préposition,* telle que *à, de, dans, par, pour, sur,* etc.

Ce complément répond à l'une des questions *à qui? de qui? par qui? etc.,* quand il s'agit de *personnes,* et à l'une des questions *à quoi? de quoi? par quoi?* etc., quand on parle de *choses :*

Je prête ce livre à Jules.

Je prête *quoi?* —Rép. : *Ce livre* (complément direct de *prête.*)

Je prête ce livre *à qui?* — R. : *A Jules* (complém. indirect de *prête*).

Il parle à son frère ; la paresse nuit aux progrès.

Il parle *à qui?* — R. : *A son frère* (compl. indir. de *parle*).

La paresse nuit *à quoi?* — R. : *Aux progrès* (comp. indir. de *nuit.*) (V. EXERC., *chap.* VI, n°ˢ 177, 178.)

175. * Le complément *circonstanciel* est ainsi nommé, parce qu'il complète la signification du verbe en indiquant une *circonstance* de lieu, de temps, de manière, d'affirmation, de négation, etc.

Ce complément répond à l'une des questions *quand? où? comment? combien? pourquoi? etc.*

Nous nous promènerons dimanche.

Nous nous promènerons *quand?* — Rép. : *Dimanche* (comp. circonst.).

Il fera ce voyage en trois mois.

Il fera ce voyage *en combien de temps?* — Rép. : *En trois mois* (compl. circonst). (V. EXERC., *chap.* VI, n°ˢ 179 180).

176. * *Complément modificatif.* REM. Souvent le *sujet* ou l'*attribut* est modifié par une expression qui n'est ni un

complément *direct*, ni un complément *indirect*, ni un complément *circonstanciel*, c'est-à-dire, qui ne répond à aucune des questions indiquées ci-dessus (173, 174, 175) ; dans ce cas, l'expression dont il s'agit s'appelle simplement *modificatif* ou *complément modificatif*.

Ce complément consiste ordinairement en un adjectif *qualificatif*, un *adverbe*, ou un *membre* de phrase qui détermine le *sujet* ou l'*attribut*. Exemples :

Une guerre *injuste* est le *plus grand* crime. (Fénélon).

L'adjectif *injuste* est le complém. *modificatif* du sujet *guerre*;

Le superlatif *le plus grand* est celui de l'attribut *crime*.

Vous êtes bien heureux !

L'adverbe *bien* est le compl. *modificatif* de l'attribut *heureux*.

« Le sanglier est l'animal *qui a la peau la plus dure.* »

Toute l'expression *qui a la peau la plus dure* est le complément modificatif de l'attribut *animal*. (V. EXERC., *chap.* VI, n°181).

(Plus loin, à l'article *proposition*, nous reviendrons sur les *compléments*).

PRONOMS EMPLOYÉS COMME COMPLÉMENTS.

177 * Les quatre pronoms *le, la, les, que* (1), sont toujours employés comme compléments *directs* :

Je le vois; tu la connais; il les aime; voici le livre que je lis.

178 * Les cinq pronoms *lui, leur, dont, en, y*, sont toujours compléments *indirects*, à cause de la préposition *à* ou *de* qu'ils renferment en eux. En effet,

lui est pour *à lui, à elle* : Je *lui* parle;
leur est pour *à eux, à elles* : Tu *leur* plais;
dont est pour *duquel, de laquelle, desquelles, etc,* : L'homme *dont* on parle;

(1) Cependant *que* est complément *indirect*, quand il y a une préposition sous-entendue; mais alors on le tourne forcément par *lequel, laquelle*. Ex. : *Les dix ans* qu'ils ont vécu, c'est-à-dire *les dix ans* pendant lesquels *ils ont vécu*.

en est pour *de lui, d'elle, d'eux, de cela,* etc. : Avez-vous vu mon frère? — Non; nous en parlions il y a un moment ;

y est pour *à cela, à lui, à elle, à eux,* etc. : A-t-il fini son devoir? — Non; il *y* travaille encore ; *songez-vous à vos parents?* — J'y pense à toute heure.

179.* Les cinq pronoms *me, te, se, nous, vous,* s'emploient tantôt comme compléments *directs,* tantôt comme complém. *indirects.*

Ils sont compléments *directs,* quand ils peuvent se tourner par *moi, toi, lui, nous, vous* (sans préposition). Exemples :

   Il me *regarde,* c'est-à-dire *il regarde* moi ;
   Je te *suivrai,* c'est-à-dire *je suivrai* toi ;
   L'orgueilleux se *flatte,* c'est-à-dire *l'orgueilleux flatte* se *ou* soi ;
   Tu nous *trompes,* c'est-à-dire *tu trompes* nous ;
   On vous *réveillera,* c'est-à-dire *on réveillera* vous ;
   Ils se *déguiseront,* c'est-à-dire *ils déguiseront* se, eux.

180.* Ces mêmes pronoms *me, te, se, nous, vous,* sont compléments *indirects,* quand ils renferment en eux la préposition *à,* c'est-à-dire quand on peut les tourner par *à moi, à toi, à lui* ou *à soi, à nous, à vous.* Exemples :

   Ce travail me *plaît,* c'est-à-dire *ce travail plaît* à moi ;
   Je te *répondrai,* c'est-à-dire *je répondrai* à toi ;
   Il se *nuit,* c'est-à-dire *il nuit* à lui *ou* à soi ;
   On nous *pardonne,* c'est-à-dire *on pardonne* à nous ;
   Mon père vous *écrira,* c'est-à-dire *mon père écrira* à vous ;
   Ils se *nuisent,* c'est-à-dire *ils nuisent* à eux *ou* à soi.

REM. 1° Les pronoms *je, tu, il, elle, ils, elles, qui, on,* sont toujours employés comme *sujets.* — Les pronoms *me, te, se, le, la, les, que, dont,* sont toujours *compléments* ;— les pronoms *moi, toi, lui, nous, vous, eux,* s'emploient tantôt comme *sujets,* tantôt comme *compléments.*

2° Le pronom *qui* est complément, quand il est précédé d'une préposition : *L'homme à qui je parle; de qui je parle;* et quand il peut se tourner par *que* : Exemples : *Qui appelez-vous?* c'est-à-dire *quel est celui que vous appelez? envoyez qui vous voudrez,* c'est-à-dire *envoyez celui que vous voudrez* (envoyer). (V. EXERC., *chap.* VI, 182 à 189).

DES DIFFÉRENTES SORTES DE VERBES.

181. Il y a un seul verbe *substantif,* c'est le verbe *être.*

3.

(161, 224, 236) · (V. Exerc., *chap. VI*, nᵒˢ 190, 191).

182. Les verbes *attributifs* (162) se divisent en cinq espèces, savoir : Le verbe *actif*, le verbe *passif*, le verbe *neutre*, le verbe *pronominal* et le verbe *unipersonnel*.

183. On appelle verbe *actif* ou *transitif* (1) celui qui marque une *action* faite par le sujet, et qui a un complément direct (173). *Exemple :*

Édouard fera ce devoir.

Édouard, sujet (164); *fera,* verbe actif; *ce devoir,* complément direct (173).

Le *sujet,* dans ce cas, est également appelé *actif,* parce qu'il fait l'*action* marquée par le verbe.

184. On reconnaît mécaniquement qu'un verbe est *actif,* quand on peut mettre après lui l'expression *quelqu'un* ou *quelque chose.* Ainsi *aimer* et *chanter* sont deux verbes *actifs,* parce qu'on peut dire : *aimer quelqu'un, chanter quelque chose.*

185. Le verbe *actif* est le seul qui puisse avoir un complément *direct.* (V. Exerc., *chap.* VI, nᵒˢ 192 à 195).

186. VERBE PASSIF. Le verbe *passif* exprime une action reçue, soufferte par le sujet; c'est le contraire du verbe *actif,* où le sujet fait l'action. *Exemple :*

Ce devoir sera fait par Édouard.

Le sujet *ce devoir* reçoit l'action du verbe passif *sera fait.*

Si l'on compare cet exemple à celui du verbe actif (183), on voit que le *complément direct* (ce devoir) du verbe *actif,* devient *sujet* du verbe *passif* (186), et que le *sujet* (Édouard) devient *complément indirect* (174) dans le verbe *passif.*

Le *sujet* de ce verbe est également appelé *passif,* parce qu'il souffre l'action marquée par le verbe.

187. Le verbe *passif* vient toujours d'un verbe *actif;* il se compose de l'auxiliaire *être* (222) et du participe *passé* d'un verbe *actif.*

Verbes actifs : *donner, finir, recevoir, rendre ;*

---

(1) *Transitif* (du latin *transire,* passer, aller au-delà), signifie *qui fait passer l'action, du sujet sur un autre objet.*

Verbes passifs : *être donné, être fini, être reçu, être rendu.* (V. EXERC., *chap.* VI, n°ˢ 196 et 197).

188. VERBE NEUTRE. Le verbe *neutre* ou *intransitif* est celui qui n'est ni *actif*, ni *passif* (*neutre* signifie *ni l'un, ni l'autre*). Il exprime souvent une action, comme le verbe *actif*, mais on le distingue facilement en ce qu'il n'a jamais de complément *direct*, c'est-à-dire qu'on ne peut mettre après lui l'expression *quelqu'un* ou *quelque chose.* (184).

Ainsi dans *aller à Rome, mourir de douleur*, les mots *aller* et *mourir* sont deux verbes *neutres*, et les compléments *à Rome* et *de douleur* ne sont que des compléments *indirects.* (174).

189. * *Rem.* 1° Le verbe *actif* est accidentellement *neutre*, quand on n'a en vue que l'action qu'il exprime, sans s'occuper de l'objet sur lequel elle pourrait se porter. Soit cette question : *Que faites-vous ?*

Réponse : *Je prie, je bois, je mange, je lis.*

Ces quatre verbes *prier, boire, manger, lire*, sont ici accidentellement *neutres*, parce qu'il ne s'agit de rien autre chose que l'action que chacun d'eux exprime.

Tandis que si la question était : *Qui priez-vous? Que buvez-vous?* etc., et que la réponse fût, par exemple : *Je prie Dieu, je bois de l'eau, je mange une poire, je lis l'histoire*, ces mêmes verbes seraient *actifs*, parce qu'ils auraient un complément direct (*Dieu, de l'eau, une poire, l'histoire*), parce qu'on s'occuperait de l'action pour savoir sur quel objet elle se porte. (*De*, dans *de l'eau*, n'est point préposition ; il forme, avec *la*, qui suit, un article *partitif.*)

190. * 2° De même certains verbes *neutres* sont accidentellement *actifs ;* c'est quand on peut mettre après eux *quelqu'un* ou *quelque chose.*

Ainsi, par exemple, les verbes *entrer, sortir, monter, descendre*, sont *neutres* de leur nature, parce qu'ils marquent seulement l'action de se transporter d'un lieu à un autre ; mais si l'on dit : *Entrer du linge* exposé à la pluie ; *sortir un homme* d'une mauvaise affaire ; *monter des livres* dans sa chambre ; *descendre du vin* à la cave, ces mêmes verbes sont évidemment *actifs*, puisqu'ils ont un complément direct (*du linge, un homme, des livres, du vin*). (V. EXERC., *chap.* VI, n°ˢ 198 à 201).

191. VERBE PRONOMINAL. On appelle verbe *pronominal* (du mot *pronom*), celui qui se conjugue avec deux pronoms de la même personne, *je me ; tu te ; il se ; elle se ; nous nous ; vous vous ; ils se ; elles se.*

Le premier des deux pronoms est *sujet* et le second est

complément. (L'infinitif est toujours précédé du pronom *se*).

Ainsi *se présenter, se défendre*, sont deux verbes *pronominaux*, parce qu'on dit : *Je me* présente ; *tu te* présentes, etc. ; *il se* défend ; *nous nous* défendons, etc. (1).

REM. Après un autre verbe, l'infinitif du verbe *pronominal* ne peut être précédé que de l'un des pronoms *me, te, se, nous, vous*. Exemple : *Je puis* me *tromper*, etc.

192. Il y a cela de remarquable dans la plupart des verbes *pronominaux*, c'est que le *sujet* fait l'action et la reçoit tout à la fois *(il se présente)*. Cette action revient, se réfléchit sur son auteur : voilà pourquoi ces verbes sont aussi appelés *verbes réfléchis.*

Cependant quelques verbes *pronominaux* expriment une action qui sort du *sujet* et passe sur un autre objet en échange de la même action. *Exemple :*

Ils se détestent ; ils se mordent ; ils se battent.

Cette réciprocité d'action fait donner à ces verbes le nom de verbes *réciproques.*

193. Parmi tous ces verbes, on distingue les verbes *essentiellement* pronominaux et les verbes *accidentellement* pronominaux.

Les verbes *essentiellement* pronominaux sont ceux qui ne se conjuguent pas autrement qu'avec deux pronoms de la même personne ; tels sont *se repentir, se souvenir, s'abstenir, s'emparer*, etc. :

La haine s'est emparée *de son âme.* (Acad.)

194. Les verbes *accidentellement* pronominaux sont ceux qui viennent de verbes *actifs* ou de verbes *neutres*, c'est-à-dire qui peuvent aussi se conjuguer avec un seul pronom, tels sont *se présenter, s'attendrir, se parler, se nuire, se jouer :*

L'ambition *se joue* de la vie des hommes. (Bossuet).

On peut dire, avec un seul pronom : *Je présente, tu attendris, il parle, nous nuirions, vous jouez.*

---

(1) Pour la troisième personne, au lieu de deux *pronoms*, on rencontre souvent un *nom* et un *pronom*, ce qui ne change rien à la nature du verbe : *Cet* ENFANT SE *présente poliment*, etc.

Rem. Lorsqu'un verbe pronominal vient d'un verbe *actif*, on l'appelle verbe *pronominal actif*, (se *présenter*); s'il vient d'un verbe *neutre*, on le nomme verbe *pronominal neutre* (se *parler*).

(V. Exerc., *chap.* VI nᵒˢ 202 à 205).

195. Verbe unipersonnel (1). Le verbe *unipersonnel* ou *impersonnel* est celui qui ne s'emploie, dans tous ses temps, qu'à la *troisième* personne du singulier, comme *tonner, falloir, pleuvoir*. On dit *il tonne, il fallait, il pleuvait*, etc.

Le mot *il*, qui accompagne ces verbes, n'en est point le *sujet* réel (164), puisqu'il ne représente ni une personne ni une chose ; c'est un sujet purement grammatical, qui manifeste seulement la troisième personne du singulier ; c'est un pronom vague, *indéfini*.

196. Le verbe *falloir*, et les verbes qui expriment les phénomènes de la nature, tels que *tonner, neiger, grêler, pleuvoir*, sont appelés verbes *essentiellement unipersonnels*, parce qu'ils ne s'emploient absolument qu'à la *troisième* personne du singulier.

Mais on rencontre souvent des verbes *passifs*, des verbes *neutres* et des verbes *pronominaux* employés de la même manière ; alors on les nomme verbes *accidentellement unipersonnels* :

Il a été trouvé une montre ; *il tombe* de la neige ; *il se répand* une mauvaise odeur.

197. * Rem. 1° Dans l'analyse des verbes unipersonnels, on ne sépare jamais *il* du verbe ; on dit les deux mots ensemble. Pour trouver le sujet, il faut traduire le verbe en un équivalent : *Il tonne*, c'est-à-dire *le tonnerre gronde*; *il faudra venir*, c'est-à-dire *venir sera* (une chose) *nécessaire*; *il pleuvait*, c'est-à-dire *la pluie tombait*, etc.

2° Dans les verbes *accidentellement unipersonnels*, le sujet est

_____

(1) *Unipersonnel* vient de *un, une* et de *personne*, ce qui veut dire que ce verbe n'a qu'une personne, la troisième. *Impersonnel* signifie qui n'a pas de personne, parce que le mot vague *il* ne rappelle l'idée ni d'une personne, ni d'une chose.

Quoique les deux expressions *unipersonnel* et *impersonnel* se disent indifféremment l'une pour l'autre, il serait préférable d'appeler *unipersonnel* le verbe qui s'emploie accidentellement comme tel, (*il paraît, il tombe* de la neige), et *impersonnel* le verbe qui n'est usité qu'à la *troisième* personne du singulier (*il tonne, il faut*, etc.)

placé après le verbe : *Il a été trouvé une montre,* c'est-à-dire *une montre* a été trouvée ;

Il tomba de la neige, c'est-à-dire *de la neige* tomba ;

Il se répand une mauvaise odeur, c'est-à-dire *une mauvaise odeur* se répand.

(V. Exerc., *chap.* VI, nᵒˢ 206 à 208).

Questionnaire.

160. Qu'est-ce que le *verbe?* — 161. Combien y a-t-il de verbes? — 162. Pourquoi certains autres mots, tels que *lire, aimer,* sont-ils également appelés *verbes?* — 163. Comment reconnaît-on, mécaniquement, qu'un mot est un verbe? — 164. Qu'entendez-vous par *sujet* dans un verbe? — 165. * Comment reconnaît-on le sujet? — 166. * Lorque le pronom relatif *qui* et son antécédent sont sujets dans une phrase, auquel des deux verbes le pronom *qui* appartient-il comme sujet? — Par quelles espèces de mots se représente le sujet? — 167. * Qu'est-ce que l'attribut? — 168. * Par quelles espèces de mots s'énonce l'attribut avec le verbe *être?* — 169. * Par quels mots s'exprime l'attribut dans un verbe *attributif?* — Rem. A quoi sert réellement le *verbe* entre le sujet et l'attribut?

Du complément.

170. * Qu'entendez-vous par *complément?* — 171. * A quoi sert le complément? — 172. * Combien y a-t-il de sortes de compléments? — 173. * Qu'est-ce que le complément *direct?* — A quelle question répond-il? — 174. * Qu'est-ce que le complément indirect? — A quelle question répond-il? — 175. * Qu'est-ce que le complément circonstanciel? — A quelles questions répond-il? — 176. * Qu'entend-on par complément modificatif? — Par quels mots s'exprime ce complément? — 177. * Quels pronoms sont toujours compléments *directs?* — 178. * Quels pronoms sont toujours compléments *indirects?* —179-180. * Quels pronoms sont tantôt compléments *directs,* et tantôt complément *indirects?* — Expliquez ces deux cas. — Rem. Quels pronoms sont toujours *sujets?* — Quels pronoms sont toujours *compléments?* — Quels pronoms sont tantôt *sujets,* tantôt *compléments?*

Différentes sortes de verbes.

181. N'y a-t-il qu'un seul verbe *substantif?* — Quel est-il? — 182. Combien y a-t-il d'espèces de verbes attributifs? — Quels sont-ils? — 183. Qu'appelle-t-on verbe *actif?* — Le sujet est-il actif aussi? — 184. A quoi reconnaît-on qu'un verbe est *actif?* — 185. Quel verbe a seul un complément direct? — 186. Qu'entend-on par verbe *passif?* — Le sujet est-il passif? — Pourquoi? — 187. D'où vient le verbe passif? — De quoi se compose-t-il? — 188. Qu'est-ce que le verbe *neutre?* — Que signifie le mot *neutre?* — 189. Dans quels cas le verbe actif est-il considéré comme *neutre?* — 190. * A quoi reconnaît-on que certains verbes neutres sont accidentellement

actifs ? — Expliquez-en des exemples. — 191. Qu'entendez-vous par verbe pronominal ? — D'où vient le mot *pronominal* ? — 192. Qu'y a-t-il à remarquer dans les verbes pronominaux par rapport au *sujet* ? — 193. Qu'entend-on par verbes *essentiellement* pronominaux ? — 194. Qu'est-ce qu'un verbe accidentellement *pronominal* ? — ... un verbe pronominal-*actif* ? — ... un verbe pronominal-*neutre* ? — 195. Qu'est-ce que le verbe *impersonnel* ou *unipersonnel* ? — 196. Quels verbes sont *essentiellement* unipersonnels ? — ... *accidentellement* unipersonnels ? — 197. * Qu'y a-t-il à dire sur le sujet de ces verbes ?

MODIFICATIONS DU VERBE.

198. On entend par *modifications,* les diverses formes ou terminaisons que prend le verbe dans l'emploi qu'on en fait. Il y a quatre sortes de modifications dans un verbe : La *personne*, le *nombre*, le *mode* et le *temps*.

De la personne.

199. La *personne* est la forme que prend le verbe pour marquer son rapport avec le *sujet*, soit de la *première*, soit de la *seconde*, soit de la *troisième* personne :

Je donne ; tu finis ; il recevra.

Donne est à la *première* personne, parce que le sujet *je* est de la première personne. (Les autres exemples s'explique de la même manière).

Du nombre.

200. Le *nombre* est la forme que prend le verbe pour annoncer que l'état ou l'action marquée par le verbe se rapporte à un sujet du *singulier* ou à un sujet du *pluriel* :

SING. : *Je chante, tu chantes, il chante ;*
PLUR. : *Nous chantons, vous chantez, ils chantent.*

201. *Règle générale.* Le verbe s'accorde toujours en *nombre* et en *personne* (142) avec son *sujet* (164). Exemples :

J'écoute ; tu entends ; le maître enseigne ; nous lisons ;
Pierre et Paul jouent ;
Je vois le frère et la sœur QUI TRAVAILLENT.

REM. Dans *Pierre et Paul jouent,* le verbe *jouent* est à la troisième personne, parce que le sujet *Pierre et Paul* est de la troisième personne (ce sont des objets dont on parle, 142); et au pluriel, parce que deux singuliers valent un pluriel.

Dans le dernier exemple, le verbe *travaillent* est à la troisième personne du pluriel, parce que son sujet *qui* est de la troisième personne du pluriel, comme se rapportant aux deux singuliers *frère et sœur*, qui valent aussi un pluriel.

(Cette règle donne lieu à quelques exceptions qu'on verra à la syntaxe).

(V. Exerc., *chap*. VI, n°ˢ 209 à 213).

Du mode.

202. *Mode* signifie *manière*; le mode est donc la forme que prend le verbe pour indiquer de quelle *manière* est représentée l'existence ou l'action marquée par le verbe : *Lire, je lis, je lirais, lis, que je lise.*

203. Il y a cinq *modes* dans un verbe : L'*Infinitif*, l'*Indicatif*, le *Conditionnel*, l'*Impératif* et le *Subjonctif.*

204. *Infinitif.* — Le mode *Infinitif* marque l'action ou l'état d'une manière générale sans désignation de nombre, ni de personnes : *Il est honteux de* MENTIR , *de* TROMPER.

205. *Indicatif.*— Le mode *Indicatif* annonce l'action ou l'état d'une manière positive et absolue : *Dieu* VOIT *tout*, SAIT *tout et* ENTEND *tout*; *tu te le* RAPPELLERAS *sans cesse.*

206. *Conditionnel.* — Le mode *Conditionnel* exprime que l'action ou l'état aurait lieu moyennant une condition : *Votre frère* TRAVAILLERAIT *mieux, s'il était plus raisonnable.*

207. *Impératif.* — Le mode *Impératif* marque l'action ou l'état avec l'idée du commandement, de la volonté, de l'exhortation, du désir : APPROCHEZ ; DONNEZ-*moi votre livre ;* RÉCITEZ, *et* FAITES *bien attention.*

208. *Subjonctif.* — Le mode *Subjonctif* marque l'action ou l'état d'une manière subordonnée et dépendante, c'est-à-dire que le verbe au *Subjonctif* dépend toujours d'un verbe précédent exprimé ou sous-entendu : *Je veux que tu* APPRENNES *à obéir avant de commander.*

209. Le mode *Infinitif* s'appelle mode *impersonnel*, parce qu'il s'emploie sans désignation de *personnes*, comme *aimer, obéir, travailler.*

Les quatre autres modes, l'*Indicatif*, le *Conditionnel*, l'*Impératif*, et le *Subjonctif*, sont au contraire appelés modes *personnels*, parce qu'ils comprennent les différentes personnes :

Je finis, tu finirais, finissons, qu'il *finisse*.

DU TEMPS.

210. Le *temps* est la forme que prend le verbe pour indiquer à quelle partie de la durée se rapporte l'état ou l'action marquée par le verbe.

211. La *durée* comprend trois parties ou époques principales qui sont : Le moment de la parole, comme *j'écris* ; celui qui précède, comme *j'ai écrit*, et celui qui suit, comme *j'écrirai*.

212. Il résulte de là trois temps appelés TEMPS PRINCI-PAUX : le *Présent*, le *Passé* et le *Futur*.

Les autres temps du verbe se présentant avec divers degrés d'*antériorité* ou de *postériorité*, sont appelés TEMPS SECONDAIRES.

213. La partie de la durée appelée *Présent*, ne peut avoir qu'un *temps*, parce que le moment où l'on parle est un point indivisible.

214. Le *Passé* comprend cinq nuances d'*antériorité*, d'où se forment cinq temps *passés*, qui sont : l'*Imparfait*, le *Passé défini*, le *Passé indéfini*, le *Passé antérieur*, et le *Plus-que-Parfait*.

215. Le *Futur* admet deux degrés de *postériorité*, de là deux temps futurs : le *Futur simple* ou *absolu*, et le *Futur antérieur*.

216. Ainsi il y a *huit* temps pour les trois époques. Le mode *Indicatif* les comprend tous. Les temps des autres modes se rapportent tous à une époque *passée* ou *future*, comme on le verra dans la conjugaison (237 à 240).

RÉCAPITULATION DES HUIT TEMPS AVEC LEUR SIGNIFI-CATION.

217. — 1° PRÉSENT (un temps). Par le temps *Présent*, on affirme que l'état ou l'action a lieu à l'instant même où l'on parle : *J'écris*.

REM. Le *Présent* exprime souvent aussi un acte, ou un état habituel, comme dans ces exemples :

Cet enfant *parle* bien et *chante* parfaitement;
Dieu *est* éternel et tout-puissant.

2° PASSÉ (cinq temps). L'*Imparfait* annonce que l'état ou l'action avait lieu en même temps qu'une autre action, qui est passée :

J'écrivais lorsque vous *êtes entré.*

REM. C'est ce temps que quelques grammairiens appellent *passé simultané*, parce qu'il exprime que l'état ou l'action avait lieu *simultanément* avec ce qu'annonce le verbe suivant.

Le *Passé défini* présente l'état ou l'action comme ayant eu lieu à une époque *déterminée* et entièrement écoulée :

J'écrivis trois lettres *la semaine dernière, hier* ;
Les Français *prirent* Alger *en* 1830.

Le *Passé indéfini* est ainsi nommé, parce que l'époque passée qu'il marque est *indéfinie*, indéterminée ; il se dit en effet d'un temps complétement ou non complétement écoulé :

J'ai écrit hier, *j'ai écrit* aujourdhui.

Le *Passé antérieur* marque un état ou une action passée *avant* une autre, qui est entièrement passée :

Dès que *j'eus écrit* à mon père, *je partis* pour la campagne.

Le *Plus-que-parfait* signifie absolument *plus que passé*, doublement *passé*. Il exprime un état ou un fait entièrement accompli, et à un certain intervalle d'un autre fait également passé :

J'avais fini mon devoir, quand *tu es entré.*

3° FUTUR (Deux temps). Le *Futur simple* ou *absolu* marque l'état ou l'action comme devant avoir lieu à une époque où l'on n'est pas encore arrivé :

Nous *écrirons demain* à notre cousin.

Le *Futur antérieur* annonce que l'état ou l'action aura

lieu, se trouvera accomplie, quand une autre arrivera :

Nous *aurons écrit* notre lettre, quand vous *viendrez.*

DES TEMPS SIMPLES ET DES TEMPS COMPOSÉS.

218. On considère encore, dans un verbe, les temps *simples* et les temps *composés*, ensemble *vingt* temps.

219. Les temps *simples* sont ceux qui se forment d'un seul mot pris dans le verbe : *Je donne,* tu *donnais,* il *donna,* nous *donnerons,* vous *donneriez,* etc.

On compte ordinairement *dix* temps simples, savoir :

Le *Présent* de l'infinitif, | le *Futur simple,*
le *Participe présent,* | le *Présent* du conditionnel,
le *Présent* de l'indicatif, | l'*Impératif,*
l'*Imparfait* de l'indicatif, | le *Présent* du subjonctif.
le *Passé défini,* | l'*Imparfait* du subjonctif.

220. Les temps *composés* sont ceux qui se forment de l'un des temps du verbe auxiliaire *avoir* ou du verbe auxiliaire *être,* et du participe *passé* du verbe que l'on conjugue.

On compte ordinairement (1) aussi *dix* temps *composés,* savoir :

le *Passé* de l'infinitif, | le *Passé* du conditionnel.
le *Participe passé,* | le *second Passé* du conditionnel,
le *Passé indéfini,* | le *Passé* du subjonctif,
le *Passé antérieur,* | le *Plus-que-parfait* du subjonctif.
le *Plus-que-parfait* de l'indicatif, | tif.
le *Futur antérieur,* |

221. Ainsi, récapitulant les temps par modes, on trouve (237 à 240) que

le mode *Infinitif* comprend *quatre* temps;
le mode *Indicatif, huit* temps ;
le mode *Conditionnel, trois* temps ;
le mode *Impératif, un* temps ;

---

(1) L'élève trouvera, au-dessous des conjugaisons, les temps supplémentaires qui se présentent assez souvent dans notre langue, et qui ne figurent pas ordinairement dans le cours de la conjugaison; comme *dès qu'il* a eu fini, *il est parti* (237 à 240).

le mode *Subjonctif, quatre* temps (V. EXERC. *Chap.* VI, n°s 214 a 220).

Du verbe AVOIR *et du verbe* ÊTRE.

222. Les deux verbes *avoir* et *être* sont appelés verbes *auxiliaires* (1), quand ils aident à conjuguer un autre verbe : *J'ai* vu, *tu* as entendu ; *je serai* vu, *tu seras* entendu, *etc.*

Le verbe *auxiliaire* est toujours suivi du participe passé du verbe qu'il aide à conjuguer ; c'est un moyen mécanique de le reconnaître.

223. *Avoir* est verbe *actif*, lorsqu'il est seul, c'est-à-dire qu'il n'aide pas à conjuguer un autre verbe ; alors il exprime une idée de possession :

J'ai une montre ; *tu auras* le premier prix.

224. De même le verbe *être*, quand il cesse d'être *auxiliaire*, est appelé verbe *substantif*, parce qu'alors il subsiste par lui-même, et qu'il marque simplement *l'état, l'existence :*

La terre *est* ronde ; nous *sommes* tous mortels.

225. L'auxiliaire *avoir* s'emploie dans les temps composés de tous les verbes *actifs* (237 à 277), d'un grand nombre de verbes *neutres* (283) et de tous les verbes essentiellement *unipersonnels* (196).

226. L'auxiliaire *être* aide à former tous les temps des verbes *passifs* (277 à 279), les temps composés de quelques verbes *neutres* (284), les temps composés de tous les verbes *pronominaux* (285 à 292), et ceux de la plupart des verbes accidentellement *unipersonnels* (196).

227. REM. Dans les verbes *pronominaux*, l'auxiliaire *être* est toujours employé pour *avoir*, afin de satisfaire l'oreille, c'est-à-dire pour l'agrément de la prononciation ; en effet : *Je me suis engagé* signifie *j'ai engagé moi; nous nous sommes privés* signifie *nous avons privé nous.* L'oreille serait blessée d'entendre dire : *Je m'ai engagé ;*

(1) *Auxiliaire* vient du mot latin *auxilium*, qui signifie *aide, secours.*

nous nous avons privés. Voilà pourquoi l'auxiliaire *être* est préféré à *avoir* dans ces verbes. (V. EXERC., *chap.* VI, nᵒˢ 192, à 220).

DE LA CONJUGAISON DES VERBES.

228. On entend par *conjuguer* un verbe, l'écrire ou le réciter avec toutes ses formes et terminaisons de *modes*, de *temps*, de *nombres* et de *personnes*.

229. On compte quatre *conjugaisons* ou classes de verbes, que l'on distingue entre elles par la terminaison du présent de l'*Infinitif*.

230 La *première* conjugaison a le présent de l'*Infinitif* terminé en *er*, comme *aim* er *chant* er *donn* er ;

la *seconde*, en *ir*, comme *fin* ir, *pâl* ir, *un* ir ;

la *troisième* en *oir*, comme *recev* oir, *av* oir, *dev* oir;

la *quatrième*, en *re*, comme *rend* re, *écri* re, *tond* re.

231. Tout verbe se compose de deux éléments qu'il est nécessaire de bien connaître et de bien distinguer, pour le conjuguer avec facilité, et pour en comprendre les modifications. Ces deux éléments essentiels sont le *radical* et la *terminaison*.

232. Le *radical* est la partie *invariable* du verbe ; la *terminaison* est la partie qui change, qui *varie*.

Le *radical* représente l'*attribut*, c'est-à-dire la manière d'être du sujet (167).

La *terminaison* exprime l'*existence*, l'idée du verbe *être*, ainsi que la *personne*, le *nombre* et le *temps*.

Ainsi dans *nous donnons*, la partie *donn*, qui est le *radical*, rappelle l'idée de l'attribut *donn* ant ; — la partie *ons* est la terminaison : c'est elle qui rappelle l'idée du verbe *être* (nous *sommes* donnant) ; elle annonce de plus la *première personne*, le nombre *pluriel* et le temps *présent.*

233. En général, pour avoir le *radical*, dans les quatre conjugaisons, il faut retrancher la terminaison *er*, dans la première ; *ir*, dans la seconde ; *evoir*, dans la troisième, et *re*, dans la quatrième, au présent de l'*Infinitif.*

INFINITIF : *donn* er, *fin* ir, *rec* evoir, *rend* re ;

RADICAUX : *donn, fin, rec, rend*.

REM. L'usage de la conjugaison fera connaître les modifications ou les altérations que le *radical* éprouve dans

certains verbes, qu'on appelle *irréguliers*, tandis que nous
n'entendons parler ici que des verbes *réguliers*, de ceux
qui, pour la formation des temps, suivent les règles géné-
rales de la conjugaison. (Les verbes de la troisième conjugaison eux-mêmes éprouvent une altération dans leur
radical à plusieurs de leurs temps).

234. *Avoir* et *être* devant servir d'*auxiliaires* (222) aux
autres verbes, il convient de commencer la conjugaison par
ces deux verbes, l'un et l'autre très-irréguliers dans leurs
temps simples. (219.)

(V. EXERC., *chap.* VI, n°ᵒ 221 à 225.)

Questionnaire.

Des modifications du verbe.

198. Qu'entendez-vous par *modifications* du verbe? — Quelles
sont-elles? — 199. Qu'est-ce que la *personne* dans le verbe? —
200. Qu'est-ce que le *nombre*? — 201. Avec quoi et comment s'accorde le verbe? — 202. Qu'entend-on par *mode* dans le verbe? —
203. Combien y a-t-il de modes? — 204. Que marque le mode *infinitif*? — 205. Qu'est-ce qu'annonce le mode *indicatif*? — Expliquez
un exemple. — 206. Qu'exprime le mode *conditionnel*? — 207. Que
marque le mode *impératif*? — 208. Que marque le mode *subjonctif*?
— 209. Qu'appelle-t-on mode *impersonnel*?—Pourquoi?—... modes
personnels? — Pourquoi? — 210. Qu'est-ce que le *temps* dans un
verbe? — 211. Que comprend la durée? — 212. Quels sont les *trois*
temps principaux? — Qu'entend-on par temps *secondaires*? —
213. Pourquoi le *présent* n'a-t-il qu'un temps? — 214. Combien le
passé comprend-il de temps? — Quels sont-ils? — 215. Combien
y a-t-il de temps pour le *futur*? — Quels sont-ils? — 216. Combien
compte-on de temps pour les trois époques? — Quel mode les comprend tous? — 217. 1° Que signifie le temps appelé *présent*? —
217. 2° Que marque l'*imparfait*? — 217. 2° Que marque le *passé
défini*? — 217. 2° Qu'est-ce que le passé *indéfini*? — 217. 2° Qu'est-ce
que désigne le passé *antérieur*? — 217. 2° Que signifie le *plus-que-
parfait*? — 217. 3° Qu'est-ce que le *futur absolu*? — 217. 3° Qu'est-
ce qu'annonce le futur *antérieur*? — 218. Comment divise-t-on les
temps des verbes? — 219. Qu'entendez-vous par temps *simples*? —
Combien y en a-t-il? — Dites-les. — 220. Qu'entend-on par temps
composés? — Combien y en a-t-il? — Dites-les. — 221. Dites combien chaque mode comprend de temps.

Des verbes auxiliaires.

222. Quels sont les verbes *auxiliaires*? — Pourquoi les appelle-t-
on ainsi? — A quoi reconnaît-on qu'ils sont *auxiliaires*? — 223.
Dans quel cas *avoir* est-il verbe *actif* au lieu d'être *auxiliaire*? —

224. Dans quel cas *être* est-il verbe *substantif* au lieu d'être *auxiliaire* ? — 225. Dans quelles espèces de verbes s'emploie l'auxiliaire *avoir* ? — 226. Dans quelles espèces de verbes s'emploie l'auxiliaire *être* ? — 227. Dans les verbes *pronominaux*, le verbe *être* est-il le véritable *auxiliaire* ? — Expliquez-vous à cet égard.

De la conjugaison.

228. Qu'entendez-vous par *conjuguer* un verbe ? — 229. Combien y a-t-il de conjugaisons ? — Par quoi les distingue-t-on ? — 230. Dites les terminaisons de chacune des quatre conjugaisons. — 231. De quels éléments essentiels se compose un verbe ? — 232. Qu'entendez-vous par *radical* dans un verbe ? — ... par *terminaison* ? — Qu'est-ce que représente le *radical* ? — Qu'est-ce que représente la *terminaison* ? — 233. Comment obtient-on le radical dans les quatre conjugaisons ? — Y a-t-il des exceptions à cette règle ? — 234. Les verbes auxiliaires *avoir* et *être* sont-ils réguliers ? — Expliquez quelques-unes de leurs irrégularités.

235. VERBE AUXILIAIRE AVOIR.

Temps primitifs (244) : *Avoir, ayant, eu, j'ai, j'eus.*

INFINITIF. (1er mode. 204-221.)

Présent. (219.)

Avoir.

Passé. (220.)

Avoir eu.

Participe présent. (219.)

Ayant.

Participe passé. (220.)

M. eu , *f.* eue.

Ayant eu.

INDICATIF. (2e mode. 205-221.)

Présent. (213-217.)

J'ai. (1)

Tu as.

Il a. (2)

Nous avons.

Vous avez.

Ils ont.

Imparfait. (217-2°.)

J'avais.

Tu avais.

Il avait.

Nous avions.

Vous aviez.

Ils avaient.

Passé défini. (217-2°.)

J'eus.

Tu eus.

Il eut.

Nous eûmes.

Vous eûtes.

Ils eurent.

(1) La voyelle *e* du pronom *je* disparaît et se remplace par une apostrophe, devant un verbe qui commence par une voyelle.

(2) Au lieu de *il* et *ils*, on met *elle* et *elles*, quand il s'agit du

Passé indéfini. (217-2° et 220.)

J'ai eu.
Tu as eu.
Il a eu.
Nous avons eu.
Vous avez eu.
Ils ont eu.

Passé antérieur. (217-2° et 220.)

J'eus eu.
Tu eus eu.
Il eut eu.
Nous eûmes eu.
Vous eûtes eu.
Ils eurent eu.

Plus-que-parfait. (217-2° et 220.)

J'avais eu.
Tu avais eu.
Il avait eu.
Nous avions eu.
Vous aviez eu.
Ils avaient eu.

Futur simple. (217-3° et 219.)

J'aurai.
Tu auras.
Il aura.
Nous aurons.
Vous aurez.
Ils auront.

Futur antérieur. (217-3° et 220.)

J'aurai eu.

Tu auras eu.
Il aura eu.
Nous aurons eu.
Vous aurez eu.
Ils auront eu.

CONDITIONNEL. (3ᵉ mode. 206.)

Présent ou *futur.* (219.)

J'aurais.
Tu aurais.
Il aurait.
Nous aurions.
Vous auriez.
Ils auraient.

Passé (220.)

J'aurais eu.
Tu aurais eu.
Il aurait eu.
Nous aurions eu.
Vous auriez eu.
Ils auraient eu.

On dit aussi, ou *second passé.* (220.)

J'eusse eu.
Tu eusses eu.
Il eût eu.
Nous eussions eu.
Vous eussiez eu.
Ils eussent eu.

IMPÉRATIF. (4ᵉ mode. 207.)

Point de 1ʳᵉ *personne au sing., ni de* 3ᵉ *pour les deux nombres.*

Aie.

---

féminin ; *elle a, elles ont.* Cette observation s'étend à tous les autres temps.

Avec le pronom indéfini *on,* le verbe se met toujours à la troisième personne du singulier : *On a, on avait ; on donne,* etc.

Ayons.

Ayez.

SUBJONCTIF. (5ᵉ mode. 208.)

Présent ou *futur*. (219.)

Que j'aie.

Que tu aies.

Qu'il ait.

Que nous ayons.

Que vous ayez.

Qu'ils aient.

Imparfait. (219.)

Que j'eusse.

Que tu eusses.

Qu'il eût.

Que nous eussions.

Que vous eussiez.

Qu'ils eussent.

Passé. (220.)

Que j'aie eu.

Que tu aies eu.

Qu'il ait eu.

Que nous ayons eu.

Que vous ayez eu.

Qu'ils aient eu.

Plus-que-parfait. (220.)

Que j'eusse eu.

Que tu eusses eu.

Qu'il eût eu.

Que nous eussions eu.

Que vous eussiez eu.

Qu'ils eussent eu.

Nota. 1° A la fin d'éviter la routine dans la conjugaison, il sera bon de faire recommencer ce verbe avec un *nom* à chaque personne. Ce nom sera exigé tantôt au *singulier*, tantôt au *pluriel*. On peut faire changer le nom à chaque temps ou à chaque mode. Le maître désigne ces noms d'avance, et n'exige qu'une partie de la conjugaison. Ce simple exercice est un moyen puissant d'initier l'élève à la composition et à l'orthographe d'une phrase.

2° Il est également essentiel que l'élève, lorsqu'il récite un verbe, soit amené peu à peu à comprendre l'emploi de chaque mode et de chaque temps, d'après ce qui en a été dit plus haut (202 à 209 et 217). Pour cela, il faut exiger qu'il dise, avant la première personne, un mot qui appelle le temps dont il s'agit dans sa récitation. *Exemples :*

Maintenant, j'ai, tu as, il a, etc. ; *hier*, j'avais, tu avais, etc. ; *l'autre jour*, j'eus, tu eus (la fièvre). etc. — *Demain*, j'aurai, etc. *Mon père désire* que j'aie, que tu aies, qu'il ait (un prix), etc.

236. VERBE AUXILIAIRE ÊTRE.

Temps primitifs (244) : *Être, étant, été, je suis, je fus.*

INFINITIF. (1ᵉʳ mode. 204-221.)

Présent. (219.)

Être.

Passé. (220.)

Avoir été.

Participe présent. (219.)

Étant.

Aug. Br. *Gr. Fr.*   4

Participe passé. (220).

Été, ayant été. (*Invariable.*)

INDICATIF. (2ᵉ mode. 205-221.)

Présent. (213-217.)

Je suis.
Tu es.
Il est.
Nous sommes.
Vous êtes.
Ils sont.

Imparfait. (217-2º.)

J'étais.
Tu étais.
Il était.
Nous étions.
Vous étiez.
Ils étaient.

Passé défini (217-2º).

Je fus.
Tu fus.
Il fut.
Nous fûmes.
Vous fûtes.
Ils furent.

Passé indéfini. (217-2º et 220.)

J'ai été.
Tu as été.
Il a été.
Nous avons été.
Vous avez été.
Ils ont été.

Passé antérieur. (217-2º et 220).

J'eus été.
Tu eus été.

Il eut été.
Nous eûmes été.
Vous eûtes été.
Ils eurent été.

Plus-que-parfait. (217-2º et 220.)

J'avais été.
Tu avais été.
Il avait été.
Nous avions été.
Vous aviez été.
Ils avaient été.

Futur simple. (217-3º et 219.)

Je serai.
Tu seras.
Il sera.
Nous serons.
Vous serez.
Ils seront.

Futur antérieur. (217-3º et 220.)

J'aurai été.
Tu auras été.
Il aura été.
Nous aurons été.
Vous aurez été.
Ils auront été.

CONDITIONNEL. (3ᵉ mode. 206.)

Présent. (219.)

Je serais.
Tu serais.
Il serait.
Nous serions.
Vous seriez.
Ils seraient.

Passé. (220.)

J'aurais été.
Tu aurais été.
Il aurait été.
Nous aurions été.
Vous auriez été.
Ils auraient été.

On dit aussi, ou second passé. (220.)

J'eusse été.
Tu eusses été.
Il eût été.
Nous eussions été.
Vous eussiez été.
Ils eussent été.

IMPÉRATIF, (4e mode. 207.)
Point de 1re personne au sing., ni de 3e pour les deux nombres.

Sois.
Soyons.
Soyez.

SUBJONCTIF, (5e mode, 208.)
Présent ou *futur,* (219).

Que je sois.
Que tu sois.

Qu'il soit.
Que nous soyons.
Que vous soyez.
Qu'ils soient.

Imparfait (219.)

Que je fusse.
Que tu fusses.
Qu'il fût.
Que nous fussions.
Que vous fussiez.
Qu'ils fussent.

Passé. (220.)

Que j'aie été.
Que tu aies été.
Qu'il ait été.
Que nous ayons été.
Que vous ayez été.
Qu'ils aient été.

Plus-que-parfait (220.)

Que j'eusse été.
Que tu eusses été.
Qu'il eût été.
Que nous eussions été.
Que vous eussiez été.
Qu'ils eussent été.

NOTA. 1° Ici, comme au verbe qui précède, nous engageons le maître à faire recommencer ce verbe, en exigeant que chaque personne soit suivie d'un adjectif. (Je suis *malade*..., nous sommes *malades*). On change d'adjectif à chaque temps ou à chaque mode. Le maître désigne d'avance les adjectifs qui doivent être employés, et l'élève n'est astreint à faire qu'une partie de la conjugaison.

2° Il faut souvent rappeler à l'élève, dans le cours des conjugaisons, que la 3e *personne* du singulier ou du pluriel se représente aussi bien par un *nom* que par le pronom *il, ils.* (Voir n° 142—3°).

VERBES RÉGULIERS.

CONJUGAISON DES VERBES actifs (183).

(Tous les verbes actifs prennent l'auxiliaire *avoir*).

237. Première conjugaison.—Terminaison en *er* (230.)

Modèle : *Donn er* (230.)

Temps primitifs (4 4) : *Donn er, donn ant, donn é, je donn e, je donn ai.*

INFINITIF. (1er mode. 204-221.)

Présent. (219.)

Quel est ce temps ? (244.)

Donn *er.*

Passé. (220.)

D'où se forme ce temps ? (251).

Avoir donn *é.*

Participe présent. (219.)

Quel est ce temps? (244.)

Donn *ant.*

Participe passé. (220).

Quel est ce temps? (244.)

M. donn *é*, *fém.* donn *ée,* ayant donn *é.*

INDICATIF. (2e mode. 205-221.)

Présent. (213-217.)

Quel est ce temps ? (244-248.)

Je donn *e.*
Tu donn *es.*
Il donn *e.* (1)
Nous donn *ons.* (248.)
Vous donn *ez.*
Ils donn *ent.*

Imparfait.

D'où vient ce temps ? (249.) (*).

Je donn *ais.*
Tu donn *ais.*
Il donn *ait.*
Nous donn *ions.*

(1) Au lieu de *il*, on met *elle*, quand il s'agit du féminin : *Elle donne, elles donnent, elle donnait, elles donnaient.* Cette observation s'étend à tous les autres temps et à tous les verbes.

Avec le pronom indéfini *on*, le verbe se met toujours à la troisième personne du singulier : *On donne, on donnait, on donna*, etc.

(*) Il faut supposer une question semblable pour chacun des autres temps du verbe, et consulter les règles des numéros placés à leur suite.

Vous donn *iez.*
Ils donn *aient.*

Passé défini. (244-5°.)

Je donn *ai.*
Tu donn *as.*
Il donn *a,*
Nous donn *âmes.*
Vous donn *âtes.*
Ils donn *èrent.*

Passé indéfini. (251.)

J'ai donn *é.*
Tu as donn *é.*
Il a donn *é.*
Nous avons donn *é.*
Vous avez donn *é.*
Ils ont donn *é.*

Passé antérieur. (251.)

J'eus donn *é.*
Tu eus donn *é.*
Il eut donn *é.*
Nous eûmes donn *é.*
Vous eûtes donn *é.*
Ils eurent donn *é.* (1)

Plus-que-parfait. (251.)

J'avais donn *é.*
Tu avais donn *é.*
Il avait donn *é.*
Nous avions donn *é.*
Vous aviez donn *é.*
Ils avaient donn *é.*

Futur simple. (246.)

Je donn *erai.*

Tu donn *eras.*
Il donn *era.*
Nous donn *erons.*
Vous donn *erez.*
Ils donn *eront.*

Futur antérieur. (251.)

J'aurai donn *é.*
Tu auras donn *é.*
Il aura donn *é.*
Nous aurons donn *é.*
Vous aurez donn *é.*
Ils auront donn *é.*

CONDITIONNEL. (3° mode.
206.)

Présent. (247.)

Je donn *erais.*
Tu donn *erais.*
Il donn *erait.*
Nous donn *erions.*
Vous donn *eriez.*
Ils donn *eraient.*

Passé. (251.)

J'aurais donn *é.*
Tu aurais donn *é.*
Il aurait donn *é.*
Nous aurions donn *é.*
Vous auriez donn *é.*
Ils auraient donn *é.*

On dit aussi, ou *second
passé.* (251.)

J'eusse donn *é.*
Tu eusses donn *é.*

(1) Il y a un quatrième *passé* (qui tient du passé *indéfini*) et qu'on emploie quelquefois. Le voici : *J'ai eu donné, tu as eu donné, il a eu donné, nous avons eu donné, vous avez eu donné, ils ont eu donné.* Exemple : *Dès que* j'ai eu donné *mon devoir*, on m'a permis de m'amuser.

4.

Il eût donn *é.*
Nous eussions donn *é.*
Vous eussiez donn *é.*
Ils eussent donn *é.*

IMPÉRATIF. (4e mode. 207.)

Il n'y a point de 1re personne du sing., ni de 3e pour les deux nombres.

Donn *e.* (252.)
Donn *ons.*
Donn *ez.*

SUBJONCTIF. (5e mode. 208.)
Présent ou *futur.* (250.)

Que je donn *e.* (1)
Que tu donn *es.*
Qu'il donn *e.*
Que nous donn *ions.*
Que vous donn *iez.*
Qu'ils donn *ent.*

Imparfait. (253.)

Que je donn *asse.*
Que tu donn *asses.*
Qu'il donn *ât.*
Que nous donn *assions.*
Que vous donn *assiez.*
Qu'ils donn *assent.*

Passé. (251.)

Que j'aie donn *é.*
Que tu aies donn *é.*
Qu'il ait donn *é.*
Que nous ayons donn *é.*
Que vous ayez donn *é.*
Qu'ils aient donn *é.*

Plusque-Parfait. (251.)

Que j'eusse donn *é.*
Que tu eusses donn *é.*
Qu'il eût donn *é.*
Que nous eussions donné.
Que vous eussiez donn *é.*
Qu'ils eussent donn *é.*

NOTA. 1° Le participe passé, employé avec l'auxiliaire *avoir* (dans les temps composés), est toujours invariable dans la conjugaison d'un verbe : *J'ai donné, elle avait donné, nous aurions donné,* etc. Le participe passé ne varie que lorsqu'il est précédé d'un complément *direct* (173, 183), comme dans cette phrase : *Avez-vous fini vos devoirs? Oui ;* JE LES AI DONNÉS. Le participe *donnés* est précédé de son complément direct *les,* mis pour *devoirs.* (314.)

2° Faites ajouter un nom à chaque personne, comme il a été dit à la fin du verbe *avoir,* ci-dessus.

Verbes à conjuguer sur le modèle *donn er.*

1.   2.   3.   4.   5.

Accord er, accord ant, accord é, j'accord e, j'accord ai (2).

(1) Nous avons vu (208) que le mode *subjonctif* est sous la dépendance d'un autre verbe, voilà pourquoi il est précédé de la conjonction *que.* C'est comme s'il y avait : *il faut* que je donne ; *il veut* que tu donnes, etc.

(2) Pour conjuguer ce verbe et les suivants sans fautes, il suffit d'ajouter, au *radical* de chacun d'eux, toutes les terminaisons du modèle *donn er.*

Admir er, admir ant, admir é, j'admir e, j'admir ai.
Aid er, aid ant, aid é, j'aid e, j'aid ai.
Aim er, aim ant, aim é, j'aim e, j'aim ai.
Brav er, brav ant, brav é, je brav e, je brav ai.
Bross er, bross ant, bross é, je bross e, je bross ai.
Cach er, cach ant, cach é, je cach e, je cach ai.
Expliqu er, expliqu ant, j'expliqu e, j'expliqu ai.
Étonn er, étonn ant, étonn é, j'étonn e, j'étonn ai.
Fatigu er, fatigu ant, fatigu é, je fatigu e, je fatigu ai.
Grond er, grond ant, grond é, je grond e, je grond ai.
Habit er, habit ant, habit é, j'habit e, j'habit ai.
Habitu er, habitu ant, habitu é, j'habitu e, j'habitu ai.
Jou er, jou ant, jou é, je jou e, je jou ai.
Lou er, lou ant, lou é, je lou e, je lou ai.
Nou er, nou ant, nou é, je nou e, je nou ai.
Remu er, remu ant, remu é, je remu e, je remu ai.
Tu er, tu ant, tu é, je tu e, je tu ai.

Rem. 1° Dans les verbes en *ier*, comme *lier*, *prier*, où le radical finit par un *i*, il ne faut pas oublier de mettre deux *i* de suite aux deux premières personnes du pluriel de l'*imparfait de l'Indicatif* et du *présent du Subjonctif*:

Nous li *ions*, vous li *iez* ; que nous pri *ions*, que vous pri *iez*.

Le premier *i*, comme on le voit, appartient au *radical*, et le second, à la terminaison. Ces terminaisons *ions*, *iez* se trouvent dans le modèle *donn er* : nous *donn ions*, vous *donn iez* ; que nous *donn ions*, que vous *donn iez*. — Or si l'on ajoute ces terminaisons à un radical en *i*, comme *li*, de *lier*, et *pri*, de *prier*, on aura évidemment deux *i* de suite.

Ces verbes d'ailleurs sont aussi réguliers et aussi faciles à conjuguer que ceux que l'on voit ci-dessus.

1.   2.   3.   4.   5.

Appréci er, appréci ant, appréci é, j'appréci e, j'appréci ai.
Associ er, associ ant, associ é, j'associ e, j'associ ai.

Rem. Quand le verbe commence par une *voyelle* ou un *h* muet, on supprime du pronom *je* la lettre *e*, que l'on remplace par une apostrophe. *J'accorde*, *j'accorderai* ; *j'habitais*, *j'habiterais*, etc.

Certifi er, certifi ant, certifi é, je certifi e, je certifi ai.

Étudi er, étudi ant, étudi é, j'étudi e, j'étudi ai.

Fortifi er, fortifi ant, fortifi é, je fortifi e, je fortifi ai.

Li er, li ant, li é, je li e, je li ai.

Mari er, mari ant, mari é, je mari e, je mari ai.

Ni er, ni ant, ni é, je ni e, je ni ai.

Orthographi er, orthographi ant, orthographi é, j'orthographi e, j'orthographi ai.

Pari er, pari ant, pari é, je pari e, je pari ai.

Pli er, pli ant, pli é, je pli e, je pli ai.

Pri er, pri ant, pri é, je pri e, je pri ai.

Remerci er, remerci ant, remerci é, je remerci e, je remerci ai.

Sacrifi er, sacrifi ant, sacrifi é, je sacrifi e, je sacrifi ai.

Suppli er, suppli ant, suppli é, je suppli e, je suppli ai.

Var ier, vari ant, vari é, je vari e, je vari ai.

Vérifi er, vérifi ant, vérifi é, je vérifi e, je vérifi ai, etc.

Rem. 2° Dans les verbes en *éer*, comme *agré er*, *cré er*, où le radical finit par un *é* fermé, il y aura deux *e* de suite, partout où il y en a un dans le modèle *donn er*; il n'y aura que l'*é* du radical à tous les temps et à toutes les personnes où l'on ne voit pas d'*e* immédiatement après le radical du modèle *donner* (c'est-à-dire avant *a, i, o*) :

Je *donn e*, je *cré e*; je *donn erai*, je *cré erai*; je *donn erais*, je *cré erais*.

Je *donn ais*, je *cré ais*; vous *donn iez*, vous *cré iez*; nous *donn ons*, nous *cré ons*.

Les neufs verbes suivants sont les seuls terminés en *éer* :

Agré er, agré ant, agré é, j'agré e, j'agré ai.

Cré er, cré ant, cré é, je cré e, je cré ai.

Désagré er, désagré ant, désagré é, je désagré e, je désagré ai.

Gré er, gré ant, gré é, je gré e, je gré ai.

Procré er, procré ant, procré é, je procré e, je procré ai.

Ragré er, ragré ant, ragré é, je ragré e, je ragré ai.

Recré er, recré ant, recré é, je récré e, je recré ai.

Récré er, récré ant, récré é, je récré ai.

Supplé er, supplé ant, supplé é, je supplé e, je supplé ai.

238. SECONDE CONJUGAISON. Terminaison en *ir* (230).

Modèle : *Fin ir* (230).

Temps primitifs. (244.) : *Fin ir, fin issant, fin i, je fin is, je fin is.*

INFINITIF. (1ᵉʳ mode. 204-221.)

Présent. (244.)

Fin *ir*.

Passé. (251.)

Avoir fin *i*.

Participe présent. (244.)

Fin *issant*.

Participe passé. (244-251.)

M. fin *i*, f. fin *ie*, ayant fin *i*.

INDICATIF. (2ᵉ mode. 205-221.)

Présent. (244.)

Je fin *is*.
Tu fin *is*.
Il fin *it*.
Nous fin *issons*. (248.)
Vous fin *issez*.
Ils fin *issent*.

Imparfait. (249.)

Je fin *issais*.
Tu fin *issais*.
Il fin *issait*.
Nous fin *issions*.
Vous fin *issiez*.
Ils fin *issaient*.

Passé défini. (244.)

Je fin *is*.
Tu fin *is*.
Il fin *it*.
Nous fin *îmes*.
Vous fin *îtes*.
Ils fin *irent*.

Passé indéfini. (251).

J'ai fin *i*.
Tu as fin *i*.
Il a fin *i*.
Nous avons fin *i*.
Vous avez fin *i*.
Ils ont fin *i*.

Passé antérieur. (251.)

J'eus fin *i*.
Tu eus fin *i*.
Il eut fin *i*.
Nous eûmes fin *i*.
Vous eûtes fin *i*.
Ils eurent fin *i*. (1)

Plus-que-parfait. (251.)

J'avais fin *i*.
Tu avais fin *i*.
Il avait fin *i*.
Nous avions fin *i*.
Vous aviez fin *i*.
Ils avaient fin *i*.

(1) Il y a un quatrième *passé*, qui tient du *passé défini*, et qu'on emploie quelquefois. C'est celui-ci : *J'ai eu fini, tu as eu fini, il a eu fini, nous avons eu fini, vous avez eu fini, ils ont eu fini.* Exemple : *Aussitôt que j'ai eu fini mes devoirs, on m'a permis de m'amuser.*

Futur simple. (246.)

Je fin *irai*.
Tu fin *iras*.
Il fin *ira*.
Nous fin *irons*.
Vous fin *irez*.
Ils fin *iront*.

Futur antérieur. (251).

J'aurai fin *i*.
Tu auras fin *i*.
Il aura fin *i*.
Nous aurons fin *i*.
Vous aurez fin *i*.
Ils auront fin *i*.

CONDITIONNEL. (3ᵉ mode. 206.)

Présent. (247.)

Je fin *irais*.
Tu fin *irais*.
Il fin *irait*.
Nous fin *irions*.
Vous fin *iriez*.
Ils fin *iraient*.

Passé. (251.)

J'aurais fin *i*.
Tu aurais fin *i*.
Il aurait fin *i*.
Nous aurions fin *i*.
Vous auriez fin *i*.
Ils auraient fin *i*.

On dit aussi, ou *second passé.* (251.)

J'eusse fin *i*.
Tu eusses fin *i*.
Il eût fin *i*.
Nous eussions fin *i*.
Vous eussiez fin *i*.

Ils eussent fin *i*.

IMPÉRATIF. (4ᵉ mode. 207.)

Point de 1ʳᵉ *personne au singulier, ni de* 3ᵉ *pour les deux nombres.*

Fin *is*.
Nin *issons*.
Fin *issez*.

SUBJONCTIF. (5ᵉ mode. 208.)
Présent ou *futur.* (250.)

Que je fin *isse*.
Que tu fin *isses*.
Qu'il fin *isse*.
Que nous fin *issions*.
Que vous fin *issiez*.
Qu'ils fin *issent*.

Imparfait. (253.)

Que je fin *isse*.
Que tu fin *isses*.
Qu'il fin *ît*.
Que nous fin *issions*.
Que vous fin *issiez*.
Qu'ils fin *issent*.

Passé. (251.)

Que j'aie fin *i*.
Que tu aies fin *i*.
Qu'il ait fin *i*.
Que nous ayons fin *i*.
Que vous ayez fin *i*.
Qu'ils aient fin *i*.

Plus-que-parfait. (251.)

Que j'eusse fin *i*.
Que tu eusses fin *i*.
Qu'il eût fin *i*.
Que nous eussions fin *i*.
Que vous eussiez fin *i*.
Qu'ils eussent fin *i*.

Nota. 1° N'oubliez pas que le participe passé (comme *aimé*, *fini*, etc.) employé avec l'auxiliaire *avoir* (dans les temps composés), est toujours invariable dans la conjugaison, ainsi qu'on le voit ci-dessus : *J'avais fini, elle avait fini, nous aurons fini, elles auraient fini.* Le participe passé ne varie que lorsqu'il est précédé d'un complément direct (173, 183). Exemple : *Où en sont vos devoirs? Je les ai finis.* Le participe passé *finis* est précédé du complément direct *les*, mis pour *devoirs.* (311).

Cette observation et celle qui suit le verbe *donner* sont communes à tous les verbes actifs.

2° Faites ajouter un nom à chaque personne, comme il a été dit à la fin du verbe *avoir*, et continuez ainsi pour les verbes qui suivent.

Verbes à conjuguer sur le modèle *finir*.

Temps primitifs. (244).

1.	2.	3.	4.	5.
Adouc ir,	adouc issant,	adouc i,	j'adouc is,	j'adouc is.
Applaud ir,	applaud issant,	applaud i,	j'applaud is,	j'applaud is.
Aver tir,	avert issant,	avert i,	j'avert is,	j'avert is.
Bât ir,	bâ tissant,	bât i,	je bât is,	je bât is.
Chér ir,	chér issant,	chér i,	je chér is,	je chér is.
Chois ir,	chois issant,	chois i,	je chois is,	je chois is.
Élarg ir,	élarg issant,	élarg i,	j'élarg is,	j'élarg is.
Embell ir,	embell issant,	embell i	j'embell is,	j'embell is.
Four nir,	fourn issant,	fourn i,	je fourn is,	je fourn is.
Garn ir,	garn issant,	garn i,	je garn is,	je garn is.
Guér ir,	guér issant,	guér i,	je guér is,	je gué ris.
Pun ir,	pun issant,	pun i,	je pun is,	je pun is.
Sal ir,	sal issant,	sal i,	je sal is,	je sal is.
Trah ir,	trah issant,	trah i,	je trah is,	je trah is.
Un ir,	un issant,	un i.	j'un is,	j'un is.

239. TROISIÈME CONJUGAISON. Terminaison en *oir* (230).

Modèle : *Recev oir*. (230).

Temps primitifs (244) : *Rec evoir, recev ant, reç u, je reç ois, je reç us.*

INFINITIF. (1er mode. 204-221.)

Présent. (244.)

Rec *evoir*.

Passé. (251.)

Avoir reç *u*.

Participe présent. (244.)

Recev *ant*.

Passé. (244-251.)

M. reç *u*, *f.* reç *ue*, ayant reç *u*.

INDICATIF. (2me mode. 205 - 221.)

Présent. (244.)

Je reç *ois.*
Tu reç *ois.*
Il reç *oit.*
Nous recev *ons.* (248.)
Vous recev *ez.*
Ils reç *oivent.*

Imparfait. (249.)

Je recev *ais.*
Tu recev *ais.*
Il recev *ait.*
Nous recev *ions.*
Vous recev *iez.*
Ils recev *aient.*

Passé défini. (244.)

Je reç *us.*
Tu reç *us.*
Il reç *ut.*
Nous reç *ûmes.*
Vous reç *ûtes.*
Ils reç *urent.*

Passé indéfini. (251.)

J'ai reç *u.*
Tu as reç *u.*
Il a reç *u.*
Nous avons reç *u.*
Vous avez reç *u.*
Ils ont reç *u.*

Passé antérieur. (251.)

J'eus reç *u.*

Tu eus reç *u.*
Il eut reç *u.*
Nous eûmes reç *u.*
Vous eûtes reç *u.*
Ils eurent reç *u.* (1).

Plus-que-parfait. (251.)

J'avais reç *u.*
Tu avais reç *u.*
Il avait reç *u.*
Nous avions reç *u.*
Vous aviez reç *u.*
Ils avaient reç *u.*

Futur simple. (246.)

Je rec *evrai.*
Tu rec *evras.*
Il rec *evra.*
Nous rec *evrons.*
Vous rec *evrez.*
Ils rec *evront.*

Futur antérieur. (251.)

J'aurai reç *u.*
Tu auras reç *u.*
Il aura reç *u.*
Nous aurons reç *u.*
Vous aurez reç *u.*
Ils auront reç *u.*

CONDITIONNEL. (3me mode. 206.)

Présent. (247.)

Je rec *evrais.*
Tu rec *evrais.*
Il rec *evrait.*

---

(1) Il y a un quatrième *passé*, qui tient du *passé indéfini*, et qu'on emploie quelquefois. Le voici : *J'ai eu reçu, tu as eu reçu, il a eu reçu, nous avons eu reçu, vous avez eu reçu, ils ont eu reçu.* Exemple : *Aussitôt que j'ai eu reçu la lettre de mon père, je lui ai répondu.*

Nous reç *evrions*.
Vous reç *evriez*.
Ils reç *evraient*.

Passé. (251.)

J'aurais reç *u*.
Tu aurais reç *u*.
Il aurait reç *u*.
Nous aurions reç *u*.
Vous auriez reç *u*.
Ils auraient reç *u*.

*On dit aussi, ou second pas-
  sé*. (251.)

J'eusse reç *u*.
Tu eusses reç *u*.
Il eût reç *u*.
Nous eussions reç *u*.
Vous eussiez reç *u*.
Ils eussent reç *u*.

IMPÉRATIF. (4me mode. 207.)

*Point de 1re personne au
  singulier, ni de 3e pour
  les deux nombres*.

Reç *ois*.
Recev *ons*.
Recev *ez*.

SUBJONCTIF. (5e mode. 208.)

Présent ou *futur*. (250.)

Que je reç *oive*.

Que tu reç *oives*.
Qu'il reç *oive*.
Que nous recev *ions*.
Que vous recev *iez*.
Qu'ils reç *oivent*.

Imparfait. (253.)

Que je reç *usse*.
Que tu tu reç *usses*.
Qu'il reç *ût*.
Que nous reç *ussions*.
Que vous reç *ussiez*.
Qu'ils reç *ussent*.

Passé. (251.)

Que j'aie reç *u*.
Que tu aies reç *u*.
Qu'il ait reç *u*.
Que nous ayons reç *u*.
Que vous ayez reç *u*.
Qu'ils aient reç *u*.

Plus-que-parfait. (251.)

Que j'eusse reç *u*.
Que tu eusses reç *u*.
Qu'il eût reç *u*.
Que nous eussions reç *u*.
Que vous eussiez reç *u*.
Qu'ils eussent reç *u*.

NOTA. Le participe passé (comme *aimé, fini, reçu*) employé avec l'auxiliaire *avoir* (dans les temps composés), est toujours invariable dans la conjugaison, ainsi qu'on le voit ci-dessus : J'ai *reçu* ; elle aura *reçu* ; que nous ayons *reçu*, etc.

Le participe passé ne varie que lorsqu'il est précédé d'un complément *direct* (173, 183). Exemple : *Avez-vous reçu mes lettres ?* — Je les ai REÇUES ce matin. (Le participe passé *reçues* est précédé de son complément direct *les*, mis pour *lettres*. V. 311).

Verbes à conjuguer sur le modèle *rec evoir*.
Temps primitifs. (244).

1.	2.	3.	4.	5.
Apercev oir,	apercev ant,	aperç u,	j'aperç ois,	j'aperç us.

Aug. Br. *Gr. Fr.*   5

Concev oir,   concev ant,   conç u,   je conç ois, je conç us.
Dev oir,   dev ant,   d û,   je d ois,   je d us.
Redev oir,   redev ant,   red û,   je red ois,   je red us.
Percev oir,   percev ant,   perç u,   je perç ois,   je perç us.

REM. 1° On met un accent circonflexe sur l'*u* du participe passé masculin singulier *dû*, pour ne pas le confondre avec l'article composé *du ;* il en est de même du participe *redû*.

2° Les autres verbes de cette conjugaison sont *irréguliers* : on le verra plus loin. (299).

---

240. QUATRIÈME CONJUGAISON. Terminaison en *re* (230).

Modèle : *Rend re* (230).

Temps primitifs (244) : *Rend re, rend ant, rend u, je rend s, je rend is.*

INFINITIF. (1ᵉʳ mode. — 204, 221.)

Présent (244.)

Rend *re*.

Passé. (251.)

Avoir rend *u*.

Participe présent. (244.)

Rend *ant*.

Participe passé. (244, 251.)

m. rend *u*. *f.* rend *ue ;* ayant rend *u*.

INDICATIF. (2ᵐᵉ mode. — 205, 221.)

Présent. (244.)

Je rend *s*.
Tu rend *s*.
Il rend.
Nous rend *ons*. (248.)
Vous rend *ez*.
Ils rend *ent*.

Imparfait. (249.)

Je rend *ais*.
Tu rend *ais*.
Il rend *ait*.
Nous rend *ions*.
Vous rend *iez*.
Ils rend *aient*.

Passé défini. (244.)

Je rend *is*.
Tu rend *is*.
Il rend *it*.
Nous rend *îmes*.
Vous rend *îtes*.
Ils rend *irent*.

Passé indéfini. (251.)

J'ai rend *u*.
Tu as rend *u*.
Il a rend *u*.
Nous avons rend *u*.
Vous avez rend *u*.
Ils ont rend *u*.

Passé antérieur. (251.)

J'eus rend *u.*
Tu eus rend *u.*
Il eut rend *u.*
Nous eûmes rend *u.*
Vous eûtes rend *u.*
Ils eurent rend *u* (*).

Plus-que-parfait. (254.)

J'avais rend *u.*
Tu avais rend *u.*
Il avait rend *u.*
Nous avions rend *u.*
Vous aviez rend *u.*
Ils avaient rend *u.*

Futur simple. (246.)

Je rend *rai.*
Tu rend *ras.*
Il rend *ra.*
Nous rend *rons.*
Vous rend *rez.*
Ils rend *ront.*

Futur antérieur. (251.)

J'aurai rend *u.*
Tu auras rend *u.*
Il aura rend *u.*
Nous aurons rend *u.*
Vous aurez rend *u.*
Ils auront rend *u.*

CONDITIONNEL. (3me mode. — 206.)

Présent. (247.)

Je rend *rais.*
Tu rend *rais.*

Il rend *rait.*
Nous rend *rions.*
Vous rend *riez.*
Ils rend *raient.*

Passé. (251.)

J'aurais rend *u.*
Tu aurais rend *u.*
Il aurait rend *u.*
Nous aurions rend *u.*
Vous auriez rend *u.*
Ils auraient rend *u.*

On dit aussi, ou *second passé.* (254.)

J'eusse rend *u.*
Tu eusses rend *u.*
Il eût rend *u.*
Nous eussions rend *u.*
Vous eussiez rend *u.*
Ils eussent rend *u.*

IMPÉRATIF. (4me mode. — 207.)

Point de 1re personne au singulier, ni de 3e pour les deux nombres.

Rend *s.* (252).
Rend *ons.*
Rend *ez.*

SUBJONCTIF. (5me mode. — 208.)

Présent ou *futur.* (250.)

Que je rend *e.*
Que tu rend *es.*
Qu'il rend *e.*
Que nous rend *ions.*

(*) Il y a un quatrième *passé*, qui tient du *passé indéfini*, et qu'on emploie quelquefois. Le voici : *J'ai eu rendu, tu as eu rendu, il a eu rendu, nous avons eu rendu, vous avez eu rendu, ils ont eu rendu.* Exemple : *Dès qu'il a eu rendu mon livre, j'ai fait mon devoir.*

Que vous rend *iez*.
Qu'ils rend *ent*.

Imparfait. (253.)

Que je rend *isse*.
Que tu rend *isses*.
Qu'il rend *ît*.
Que nous rend *issions*.
Que vous rend *issiez*.
Qu'ils rend *issent*.

Passé. (251.)

Que j'aie rend *u*.

Que tu aies rend *u*.
Qu'il ait rend *u*.
Que nous ayons rend *u*.
Que vous ayez rend *u*.
Qu'ils aient rend *u*.

Plus-que-parfait. (251.)

Que j'eusse rend *u*.
Que tu eusses rend *u*.
Qu'il eût rend *u*.
Que nous eussions rend *u*.
Que vous eussiez rend *u*.
Qu'ils eussent rend *u*.

NOTA. Le participe passé *rendu*, employé dans les temps compo-sés, comme on le voit ci-dessus, est invariable dans toute la conju-gaison. Il en est ainsi de tous les verbes qui adoptent l'auxiliaire *avoir* (nous avons *donné*, vous auriez *fini*, ils ont *reçu*, que nous ayons *rendu*).

Cependant, hors de la conjugaison, le participe passé varie en *genre* et en *nombre*, quand il est précédé d'un complément *direct*. Exemple : *Donnez-moi mes plumes. Je te* LES *ai* RENDUES. *Les*, complé-ment *direct* (173, 183), précède le participe *rendues*. V. 311).

Verbes à conjuguer sur le modèle *rend re*.

Temps primitifs. (244).

1.	2.	3.	4.	5.
Attend re,	attend ant,	attend u,	j'attend s,	j'attend is.
Confond re,	confond ant,	confond u,	je confond s,	je confond is.
Défend re,	défend ant,	défend u,	je défend s,	je défend is.
Entend re,	entend ant,	entend u,	j'entend s,	j'entend is.
Fend re,	fend ant,	fend u,	je fend s,	je fend is.
Mord re,	mord ant,	mord u,	je mord s,	je mord is.
Perd re,	perd ant,	perd u,	je perd s,	je perd is.
Répand re,	répand ant,	répand u,	je répand s,	je répand is.
Répond re,	répond ant,	répond u,	je répond s,	je répond is.
Suspend re,	suspend ant,	suspend u,	je suspend s,	je suspend is.
Tond re,	tond ant,	tond u,	je tond s,	je tond is.
Tord re,	tord ant,	tord u,	je tord s,	je tord is.
Vend re,	vend ant,	vend u,	je vend s,	je vend is.

241. TABLEAU DES TERMINAISONS DES TEMPS SIMPLES DANS LES QUATRE CONJUGAISONS :

Présent de l'INFINITIF.

1re	2^e	3^e	4^e
... er.	... ir.	... evoir.	... re.

Participe présent.

... ant.   ... issant.   ... evant.   ... ant.

Participe passé.

... é, ée. ... i, ie.   ... u, ue.   ... u, ue.

Présent de l'INDICATIF.

Je.	... e.	... is.	... ois.	... s.
Tu.	... es.	... is.	... ois.	... s.
Il.	... e.	... it.	... oit.	... d.
Nous.	... ons.	... issons.	... evons.	... ons.
Vous.	... ez.	... issez.	... evez.	... ez.
Ils.	... ent.	... issent.	... oivent.	... ent.

Imparfait.

Je.	... ais.	... issais.	... evais.	... ais.
Tu.	... ais.	... issais.	... evais.	... ais.
Il.	... ait.	... issait.	... evait.	... ait.
Nous.	... ions.	... issions.	... evions.	... ions.
Vous.	... iez.	... issiez.	... eviez.	... iez.
Ils.	... aient.	... issaient.	... evaient.	... aient.

Passé défini.

Je.	... ai.	... is.	... us.	... is.
Tu.	... as.	... is.	... us.	... is.
Il.	... a.	... it.	... ut.	... it.
Nous.	... âmes.	... îmes.	... ûmes.	... îmes.
Vous.	... âtes.	... îtes.	... ûtes.	... îtes.
Ils.	... èrent.	... irent.	... urent.	... irent.

Futur simple.

Je.	... erai.	... irai.	... evrai.	... rai.
Tu.	... eras.	... iras.	... evras.	... ras.
Il.	... era.	... ira.	... evra.	... ra.
Nous.	... erons.	... irons.	... evrons.	... rons.
Vous.	... erez.	... irez.	... evrez.	... rez.
Ils.	... eront.	... iront.	... evront.	... ront.

Présent du CONDITIONNEL.

Je.	... erais.	... irais.	... evrais.	... rais.

Tu.   ... *erais*.   ... *irais*.   ... *evrais*.   ... *rais*.
Il.   ... *erait*.   ... *irait*.   ... *evrait*.   ... *rait*.
Nous.   ... *erions*.   ... *irions*.   ... *evrions*.   ...*rions*.
Vous.   ... *eriez*.   ... *iriez*.   ... *evriez*.   ... *riez*.
Ils.   ... *eraient*.   ... *iraient*.   ... *evraient*.   ...*raient*.

Impératif.

... *e*.   ... *is*.   ... *ois*.   ... *s*.
... *ons*.   ... *issons*. ... *evons*.   ... *ons*.
... *ez*.   ... *issez*.   ... *evez*.   ... *ez*.

Présent du SUBJONCTIF.

Que je   ... *e*.   ... *isse*.   ... *oive*.   ... *e*.
Que tu   ... *es*.   ... *isses*.   ... *oives*.   ... *es*.
Qu'il   ... *e*.   ... *isse*.   ... *oive*.   ... *e*.
Que nous ... *ions*   ... *issions*. ... *evions*.   ... *ions*.
Que vous ... *iez*.   ... *issiez*. ... *eviez*.   ... *iez*.
Qu'ils   ... *ent*.   ... *isssent*. ... *oivent*.   ... *ent*.

Imparfait du SUBJONCTIF.

Que je   ... *asse*.   ... *isse*.   ... *usse*.   ... *isse*.
Que tu   ... *asses*.   ... *isses*.   ... *usses*.   ... *isses*.
Qu'il   ... *ât*.   ... *ît*.   ... *ût*.   ... *ît*.
Que nous ... *assions*. ... *issions*. ... *ussions*. ...*issions*.
Que vous ... *assiez*.   ... *issiez*. ... *ussiez*.   ... *issiez*.
Qu'ils   ... *assent*.   ... *issent*. ... *ussent*.   ... *issent*.

FORMATION DES TEMPS DANS LA CONJUGAISON :

242. On distingue encore dans un verbe les temps *primitifs* et les *temps dérivés*. (*)

Les temps *primitifs* sont ceux qui servent à former les temps *dérivés*, et qui ne sont eux-mêmes formés d'aucun autre temps.

243. Les temps *dérivés* sont ceux qui *dérivent*, c'est-à-dire qui sont formés des temps *primitifs*.

244. Il y a cinq temps *primitifs*, savoir :

1° Le présent de l'*Indicatif*,
2° Le *Participe présent*,
3° Le *Participe passé*,

(*) *Primitif* (de *primus*, premier), signifie *qui est premier*, qui sert de base ; *dérivé*, qui *découle de*, qui *vient de*.

4° Le *Présent* de l'*Indicatif*,
5° Le *Passé défini.*

245. **FORMATION DES TEMPS DÉRIVÉS** :

1° Du *présent* de l'INFINITIF ou forme *deux* temps :

246.
1° Le *Futur simple*, en changeant la terminaison *er* en *erai*, 1re conjugaison: *donn er*, je *donn erai* ; en changeant la terminaison *ir* en *irai*, 2e conjugaison : *fin ir*, je *fin irai* ; en changeant *evoir* en *evrai*, 3e conjugaison : *rec evoir*, je *rec evrai* ; en changeant *re* en *rai*, 4^e conjug.: *rend re*, je *rend rai.*

247.
2° Le *Conditionnel simple*, en changeant la terminaison *er* en *erais*, 1re conjug. : *donn er*, je *donn erais* ; en changeant *ir* en *irais*, 2e conjug. : *fin ir*, je *fin irais* ; en changeant *evoir* en *evrais*, 3e conjug. : *rec evoir*, je *rec evrais ;* en changeant *re* en *rais*, 4e conjug. : *rend re*, je *rend rais.*

2° Du *Participe présent*, on forme trois temps :

248.
1° Les trois personnes plurielles du *présent* de l'*Indicatif* par le changement de *ant* en *ons*, *ez*, *ent* :
Donn ant: nous *donn ons*, vous *donn ez*, ils *donnent ;*
Finiss ant : nous *finiss ons*, vous *finiss ez*, ils *finiss ent ;*
Recev ant: nous *recev ons*, vous *recev ez*, excepté la 3e pers., où l'on change *evant* en *oivent :* RECEVANT, ils *reç oivent ;*
Rend ant : nous *rend ons*, vous *rend ez*, ils *rend ent.*

249.
2° L'*imparfait* de l'*Indicatif*, par le changement de *ant* en *ais* :
Donn ant, je *donn ais ; finiss ant*, je *finiss ais; recev ant*, je *recev ais; rend ant*, je *rend ais.*

250.
3° Le *présent* du *Subjonctif*, par le changement de *ant* en *e* :
Donn ant, que je *donn e ; finiss ant*, que

je *finiss e* ; *rend ant*, que je *rend e* ; excepté la *troisième* conjugaison, où l'on change *evant* en *oive* : *rec evant*, que je *reç oive*.

3° Du *Participe passé*, on forme :

251.

Tous les temps *composés* (220), par le moyen de l'auxiliaire *avoir* ou de l'auxiliaire *être* :

Donné, j'ai *donné*, tu *avais donné*, il *aurait donné*, etc. ;

Fini, nous *eûmes fini*, ils *eussent fini*, etc. ;

Reçu, que j'*aie reçu*, que tu *eusses reçu*, *avoir reçu*, etc. ;

Rendu, tu *as rendu*, il *avait rendu*, *ayant rendu*, etc. ;

Il *est donné*, ils *étaient finis*, nous *avons été reçus*, elle *sera vendue*, elles *auront été données*, qu'ils *soient finis*, vous *seriez reçus*, etc.

4° Du *présent de l'Indicatif*, on forme un temps :

252.

L'*Impératif*, par la suppression des pronoms sujets *tu, nous, vous* ; de plus, dans les verbes de la 1re conjugaison, on supprime la lettre *s* de la 2e pers. du sing. :

Tu donnes, *donne* ; nous donnons, *donnons* ; vous donnez, *donnez* ;

Tu finis, *finis* ; nous finissons, *finissons* ; vous finissez, *finissez* ;

Tu reçois, *reçois* ; nous recevons, *recevons* ; vous recevez, *recevez* ;

Tu rends, *rends* ; nous rendons, *rendons* ; vous rendez, *rendez*. (*)

REM. Certains verbes, tels que *pouvoir, valoir*, ne s'emploient pas à l'Impératif ; cela se comprend par la signification du verbe.

(*) Quatre verbes s'écartent de cette règle : *aller*, tu *vas*, Impératif, *va* ; — *avoir*, tu *as*, Impératif, *aie* ; — *savoir*, tu *sais*, Impératif, *sache* ; — *être*, tu *es*, Impératif, *sois*.

5° Du *Passé défini*, on forme un temps : **253.**
L'*imparfait* du *Subjonctif*, par le changement de *ai* en *asse*, 1re conjugaison, et par l'addition de *se* pour les trois autres :

Je *don n ai*, que je donn asse ;
Je *fin is*, que je finis se ;
Je *reç us*, que je reçus se ;
Je *rend is*, que je rendis se.

NOTA. Au moyen des *cinq* temps *primitifs*, et des règles qu'on vient de voir sur la formation des temps *dérivés*, il n'est pas un verbe qu'on ne puisse conjuguer avec facilité. — *Il est très important que l'élève dise, à chaque temps, si c'est un temps primitif ou un temps dérivé (243), et qu'il indique de quel temps primitif chaque temps dérivé est formé ; comment il en est formé.*

254. Il ne sera pas sans utilité de faire conjuguer quelques verbes dans l'ordre indiqué ci-dessus (246 à 253), en faisant mettre chaque temps *primitif* en tête des temps qui en *dérivent*. — L'élève pourra encore diviser son cahier en deux colonnes, l'une où il écrira les temps *simples*, et l'autre, les temps *composés* (219-220).

255. Les verbes qui précèdent sont conjugués *affirmativement*, ou sous la forme *affirmative*. Il est bon que l'élève s'exerce à les présenter sous *trois* autres formes, qui se rencontrent dans le discours.

VERBES CONJUGUÉS INTERROGATIVEMENT.

256. Un verbe est employé *interrogativement*, ou sous la forme *interrogative*, quand il sert à *interroger*, à questionner, comme : *donnez-vous* aux pauvres ? *finiras-tu ton devoir avant une heure ?*

Pour conjuguer un verbe sous cette forme, on change le pronom sujet de place : on le met après le verbe, auquel on le joint par un trait d'union ; puis on ajoute un point interrogatif (?).

Quand le verbe se termine, à la 3e pers. du sing., par un *a* ou par un *e* muet, le pronom sujet *il*, *elle*, *on*, doit être précédé de la lettre *t*, qu'on met entre deux traits d'union : *donne-t-il ? donna-t-elle ? a-t-on fini ?* etc. Ce *t* ainsi employé, s'appelle *t euphonique*, c'est-à-dire ajouté pour l'agrément de la prononciation.

5.

Voici un modèle des quatre conjugaisons sous la forme interrogative :

INDICATIF.

Présent.

Donn é-je ?	Fin is-je ?	Reç ois-je ?	Est-ce que je rends !
Donn es-tu ?	Fin is-tu ?	Reç ois-tu ?	Rends tu ?
Donn e-t-il ?	Fin it-il ?	Reç oit-il ?	Rend-il ?
Donn ons-nous ?	Fin issons-nous ?	Recev ons-nous ?	Rend ons-nous ?
Donn ez-vous ?	Fin issez-vous ?	Recev ez-vous ?	Rend ez-vous ?
Donn ent-ils ?	Fin issent-ils ?	Reç oivent-ils ?	Rend ent-ils ?

Imparfait.

Donn ais-je ?	Fin issais-je ?	Recev ais-je ?	Rend ais-je ?
Donn ais-tu ?	Fin issais-tu ?	Recev ais-tu ?	Rend ais-tu ?
Donn ait-il ?	Fin issait-il ?	Recev ait-il ?	Rend ait-il ?
Donn ions-nous ?	Fin issions-nous ?	Recev ions-nous ?	Rend ions-nous ?
Donn iez-vous ?	Fin issiez-vous ?	Recev iez-vous ?	Rend iez-vous ?
Donn aient-ils ?	Fin issaient-ils ?	Recev aient-ils ?	Rend aient-ils ?

Passé défini.

Donn ai-je ?	Fin is-je ?	Reç us-je ?	Rend is-je ?
Donn as-tu ?	Fin is-tu ?	Reç us-tu ?	Rend is-tu ?
Donn a-t-il ?	Fin it-il ?	Reç ut-il ?	Rend it-il ?
Donn âmes-vous ?	Fin îmes-nous ?	Reç ûmes-nous ?	Rend îmes-nous ?
Donn âtes-vous ?	Fin îtes-vous ?	Reç ûtes-vous ?	Rend îtes-vous ?
Donn èrent-ils ?	Fin irent-ils ?	Reç urent-ils ?	Rend irent-ils ?

Passé indéfini.

Ai-je donn é ?	Ai-je fin i ?	Ai-je reç u ?	Ai-je rend u ?
As-tu donn é ?	As-tu fin i ?	As-tu reç u ?	As-tu rend u ?
A-t-il donn é ?	A-t-il fin i ?	A-t-il reç u ?	A-t-il rend u ?
Avons-nous donn é ?	Avons-nous fin i ?	Avons-nous reç u ?	Avons-nous ren d u ?
Avez-vous donn é ?	Avez-vous fin i ?	Avez-vous reç u ?	Avez-vous rend u i ?
Ont-ils donn é ?	Ont-ils fin i ?	Ont-ils reç u ?	Ont-ils rend u ?

Passé antérieur.

Eus-je donn é ?	Eus-je fin i ?	Eus-je reç u ?	Eus-je rend u ?
Eus-tu donn é ?	Eus-tu fin i ?	Eus-tu reç u ?	Eus-tu rend u ?
Eut-il donn é ?	Eut-il fin i ?	Eut-il reç u ?	Eut-il rend u ?
Eûmes-nous donn é ?	Eûmes-nous fin i ?	Eûmes-nous reç u ?	Eûmes-nous rend u

---

(*) La plupart des verbes qui n'ont qu'une syllabe au *présent* de l'Indicat (1ʳᵉ pers. sing.) ne prennent pas la forme interrogative ordinaire; ainsi on ne dit pas : *Rends-je? mens-je? vends-je?* (ce qui ressemble, pour la prononciation aux Impératifs *range, mange, venge*); *sers-je? dors-je? tends-je?* etc. Ou pren un autre tour, et l'on dit : *Est-ce que je rends? est-ce que je mens? est-ce que je vends? est-ce que je sers?* etc. Cependant on dit : *Ai-je? suis-je? dis-je? dois-je? fais-je? vais-je? vois-je?*

Ûtes-vous donn é? Eûtes-vous fin i? Eûtes-vous reç u? Eûtes-vous rend u?
urent-ils donn é? Eurent-ils fin i? Eurent-ils reç u? Eurent-ils rend u?

Plus-que-parfait.

Avais-je donn é? Avais-je fin i? Avais-je reç u? Avais-je rend u?
Avais-tu donn é? Avais-tu fin i? Avais-tu reç u? Avais-tu rend u?
Avait-il donn é? Avait-il fin i? Avait-il reç u? Avait-il rend u?
Avions-nous donn é? Avions-nous fin i? Avions-nous reç u? Avions-nous rend u?
Aviez-vous donn é? Aviez-vous fin i? Aviez-vous reç u? Aviez-vous rend u?
Avaient-ils donn é? Avaient-ils fin i? Avaient-ils reçu? Avaient-ils rend u?

Futur simple.

Donn erai-je? Fin irai-je? Rec evrai-je? Rend rai-je?
Donn eras-tu? Fin iras-tu? Rec evras-tu? Rend ras-tu?
Donn era-t-il? Fin ira-t-il? Rec evra-t-il? Rend ra-t-il?
Donn erons-nous? Fin irons-nous? Rec evrons-nous? Rend rons-nous?
Donn erez-vous? Fin irez-vous? Rec evrez-vous? Rend rez-vous?
Donn eront-ils? Fin iront-ils? Rec evront-ils? Rend ront-ils?

Futur antérieur.

Aurai-je donn é? Aurai-je fin i? Aurai-je reç u? Aurai-je rend u?
Auras-tu donn é? Auras-tu fin i? Auras-tu reç u? Auras-tu rend u?
Aura-t-il donn é? Aura-t-il fin i? Aura-t-il reç u? Aura-t-il rend u?
Aurons-nˢ donn é? Aurons-nous fin i? Aurons-nous reç u? Aurons-nˢ rend u?
Aurez-vous donn é? Aurez-vous fin i? Aurez-vous reç u? Aurez-vous rend u?
Auront-ils donn é? Auront-ils fini? Auront-ils reç u? Auront-ils rend u?

Conditionnel.

Donn erais-je? Fin irais-je? Rec evrais-je? Rend rais-je?
Donn erais-tu? Fin irais-tu? Rec evrais-tu? Rend rais-tu?
Donn erait-il? Fin irait-il? Rec evrait-il? Rend rait-il?
Donn erions-nous? Fin irions-nous? Rec evrions-nous? Rend rions-nous?
Donn eriez vous? Fin iriez-vous? Rec evriez-vous? Rend riez-vous?
Donn eraient-ils? Fin iraient-ils? Rec evraient-ils? Rend raient-ils?

Passé.

Aurais-je donn é? Aurais-je fin i? Aurais-je reç u? Aurais-je rend u?
Aurais-tu donn é? Aurais-tu fin i? Aurais-tu reç u? Aurais-tu rend u?
Aurait-il donn é? Aurait-il fin i? Aurait-il reç u? Aurait-il rend u?
Aurions-nˢ donn é? Aurions-nous fin i? Aurions-nous reç u? Aurions-nˢ rend u?
Auriez-vous donn é? Auriez-vous fin i? Auriez-vous reç u? Auriez-vous rend u?
Auraient-ils donn é? Auraient-ils fin i? Auraient-ils reç u? Auraient-ils rend u?

On dit aussi, ou second passé.

Eussé-je donn é? Eussé-je fin i? Eussé-je reç u? Eussé-je rend u?
Eusses-tu donn é? Eusses-tu fin i? Eusses-tu reç u? Eusses-tu rend u?
Eût-il donn é? Eût-il fin i? Eût-il reç u? Eût-il rend u?
Eussions-nˢ donn é? Eussions-nous fin i? Eussions-nˢ reç u? Eussions-nˢ rend u?
Eussiez-vˢ donn é? Eussiez-vous fin i? Eussiez-vous reç u? Eussiez-vˢ rend u?
Eussent-ils donn é? Eussent-ils fin i? Eussent-ils reçu? Eussent-ils rend u?

257. REM. 1° Le mode *Indicatif* et le mode *Conditionnel* sont les seuls qui s'emploient *interrogativement;* la signification même des trois autres modes (*Infinitif, Impératif* et *Subjonctif*) exclut la forme interrogative.

2° L'*e* muet qui se trouve au *présent* de l'Indicatif des verbes de la 1re conjugaison, ainsi que celui l'auxiliaire avoir, au second *passé* du Conditionnel, se changent en *é* fermé devant le pronom *je* :

Donné-je au lieu de *donne-je; eussé-je* fini; *eussé-je* reçu, etc.

3° L'élève conjuguera ainsi les verbes qui suivent chacune des quatre conjugaisons (237 à 241).

VERBES CONJUGUÉS NÉGATIVEMENT.

258. Pour conjuguer un verbe sous la forme *négative,* on met les deux mots de la négation *ne pas* ou *ne point* avant le *présent* de l'Infinitif ; on met le verbe entre les deux mots de cette négation, pour les temps *simples*, et l'auxiliaire entre ces deux mots, pour les temps *composés.*

Cette forme s'applique à tous les modes de la conjugaison. Il suffira à l'élève d'en voir ici quelques temps et quelques personnes, pour la comprendre, et s'y exercer utilement.

INFINITIF.

Présent.

Ne pas donn er.	Ne pas fin ir.	Ne pas rec evoir.	Ne pas rend re.

Passé.

N'avoir pas donn é.	N'avoir pas fin i.	N'avoir pas reç u.	N'avoir pas rend u.

Participe présent.

Ne donn ant pas.	Ne fin issant pas.	Ne recev ant pas.	Ne rend ant pas.

Participe passé.

N'ayant pas donn é.	N'ayant pas fin i.	N'ayant pas reç u.	N'ayant pas rend u.

INDICATIF.

Présent.

Je ne donn e pas.	Je ne fin is pas.	Je ne reç ois pas.	Je ne rend s pas.
Tu ne donn es pas.	Tu ne fin is pas.	Tu ne reç ois pas.	Tu ne rend s pas.

Imparfait.

Je ne donn ais pas.	Je ne fin issais pas.	Je ne recev ais pas.	Je ne rend ais pas.
Tu ne donn ais pas.	Tu ne fin issais pas.	Tu ne recev ais pas.	Tu ne rend ais pas.

Passé défini.

Je ne donn ai pas.	Je ne fin is pas.	Je ne reç us pas.	Je ne rend is pas.
Tu ne donn as pas.	Tu ne fin is pas.	Tu ne reç us pas.	Tu ne rend is pas.

Passé indéfini.

Je n'ai pas donn é.	Je n'ai pas fin i.	Je n'ai pas reç u.	Je n'ai pas rend u.
Tu n'as pas donn é.	Tu n'as pas fin i.	Tu n'as pas reç u.	Tu n'as pas rend u.

Nota. Il sera utile que l'élève conjugue, sous cette forme, quelques verbes de chacune des quatre conjugaisons, séparément d'abord, puis simultanément, si le maître le juge convenable. Il pourra s'exercer avec les verbes qui suivent les modèles (237 à 244).

VERBES CONJUGUÉS INTERROGATIVEMENT ET NÉGATIVEMENT.

259. La conjugaison sous la forme *interrogative* et *négative* se compose de la *seconde* et de la *troisième* forme (256 et 258). Elle n'est applicable qu'au mode *Indicatif* et au mode *Conditionnel*. En voici également des exemples :

INDICATIF.

Présent.

Ne donn é-je pas?	Ne fin is-je pas?	Ne reç ois-je pas?	Est-ce que je ne rend s pas?
Ne donn es-tu pas?	Ne fin is-tu pas?	Ne reç ois-tu pas?	Ne rend s-tu pas?

Imparfait.

Ne donn ais je pas?	Ne fin issais-je pas?	Ne recev ais-je pas?	Ne rend ais-je pas?
Ne donn ais tu pas?	Ne fin issais-tu pas?	Ne recev ais-tu pas?	Ne rend ais-tu pas ?

Passé défini.

Ne donn ai-je pas?	Ne fin is-je pas?	Ne reç us-je pas ?	Ne rend is-je pas?
Ne donn as-tu pas?	Ne fin is-tu pas?	Ne reç us-tu pas?	Ne rend is-tu pas ?

Passé indéfini.

N'ai-je pas donn é?	N'ai-je pas fin i?	N'ai-je pas reç u ?	N'ai-je pas rend u?
N'as-tu pas donn é?	N'as-tu pas fin i?	N'as-tu pas reç u ?	N'as-tu pas rend u ?

Nota. L'élève qui s'appliquera à la conjugaison sous les quatre formes que nous donnons ci-dessus (235 à 259), en tirera un grand avantage pour l'orthographe usuelle.

OBSERVATIONS SUR L'ORTHOGRAPHE DE CERTAINS VERBES DANS LES QUATRE CONJUGAISONS.

Première conjugaison.

260. Les verbes terminés en *cer*, au *présent* de l'Infinitif, comme *avancer*, *menacer*, prennent une cédille (16) sous le *ç*, devant les voyelles *a, o*.

Avançant, nous *avançons* ; je *menaçais*, il *menaça*.

Conjuguez de cette manière les verbes suivants :

Annoncer.	Enfoncer.	Menacer.
Avancer.	Forcer.	Percer.
Balancer.	Glacer.	Prononcer.
Bercer.	Lancer.	Tracer, etc.

261. Dans les verbes terminés en *ger* comme *changer*, *manger*, on met un *e* muet après la consonne *g*, devant *a*, *o*, pour adoucir la prononciation.

Je *changeais*, nous *changeons*; *mangeant*, *mangeons*.

Conjuguez de cette manière les verbes suivants :

Affliger.	Charger.	Juger.
Allonger.	Déranger.	Loger.
Arranger.	Encourager.	Manger.
Changer.	Interroger.	Partager, etc.

262. Les verbes qui, à l'Infinitif, ont la *dernière* syllabe précédée d'un *e* muet, comme *lever*, *mener*, changent cet *e* muet en *è* ouvert, devant une syllabe *muette* (22) seulement :

Je *lève*, tu *lèveras*; nous *mènerions*, qu'ils *mènent*.

Ainsi se conjuguent les verbes suivants :

Amener.	Mener.	Ramener.
Enlever.	Peser.	Relever.
Lever.	Promener.	Semer, etc.

263. Dans les verbes où la dernière syllabe de l'Infinitif est précédée d'un *é* fermé, comme dans *espérer*, *régler*, on change cet *é* fermé en *è* ouvert, devant une syllabe *muette* (22) seulement :

Il *espère*, ils *espèreraient*; nous *espérerions*, *espère*.

Ainsi se conjuguent les verbes suivants :

Altérer.	Espérer.	Régler.
Céder.	Modérer.	Régner.
Considérer.	Opérer.	Répéter.
Digérer.	Préférer,	Révéler, etc.

264. Cependant il faut excepter de la règle précédente les verbes en *éger*, comme *abréger*, qui conservent partout l'accent aigu sur l'*é* qui précède le *g* : Tu *abréges*, il *abrégera*.

Conjuguez de cette manière les verbes :

Abréger, agréger, alléger, assiéger, protéger, etc.

265. Les verbes terminés au *présent* de l'Infinitif par *eler, eter,* comme *appeler, jeter,* doublent les consonnes *l* et *t* devant un *e* muet (seulement) :

J'appelle, tu *appellerais* ; nous *jetterons,* ils *jetteraient.*

Mais on écrira : *J'appelai,* tu *appelas* ; nous *jetons,* vous *jetez,* etc., avec un seul *l* et un seul *t,* parce que ces consonnes ne sont pas suivies d'un *e* muet.

Ainsi se conjuguent les verbes suivants :

Amonceler.	*Niveler.*	*Acheter.*	*Jeter.*
Appeler.	*Peler.*	*Cacheter.*	*Projeter.*
Carreler.	*Rappeler.*	*Décacheter.*	*Rejeter.*
Épeler.	*Renouveler,* etc.	*Feuilleter.*	*Souffleter,* etc.

Observation. N'oublions pas que les verbes en *éler, éter,* ayant les consonnes *l, t* précédées d'un *é* fermé, au lieu d'un *e* muet, ne doublent jamais ces consonnes. Ils suivent entièrement la règle du n° 263.

Ainsi les verbes *révéler, décréter, empiéter, répéter,* etc., feront : *je révèle, tu révèleras* ; nous *décrèterons* ; vous *empièteriez,* etc., avec un seul *l,* un seul *t.*

266. Tout verbe dont le participe *présent* est terminé en *ayant,* comme *ployer, fuir,* dont le participe *présent* est *ployant, fuyant,* prend un *y* et un *i* aux deux *premières* personnes plurielles de l'*imparfait* de l'Indicatif et du *présent* du Subjonctif (V. 237. Rem. 1°.), excepté *avoir* :

Ployant : nous *ploy ions,* vous *ploy iez* ; que nous *ploy ions,* que vous *ploy iez.*

Fuyant : nous *fuy ions,* vous *fuy iez* ; que nous *fuy ions,* que vous *fuy iez.*

De plus, dans tous ces verbes, on change l'*y* en *i* devant un *e* muet :

Je *ploie,* tu *ploies,* ils *ploieront* ; que *je ploie,* que *tu fuies,* qu'ils *fuient.*

Ainsi se conjuguent les verbes suivants :

Balayer.	*Déployer.*	*Nettoyer.*	*Fuir.* (298.)
Délayer.	*Employer.*	*Planchéyer.*	*Voir.* (299.)
Essayer.	*Ennuyer.*	*Ployer.*	*Revoir.* (299.)
Payer.	*Essuyer.*	*Tutoyer.*	*Croire,* etc. (300.)

Rem. 1° Le verbe *grasseyer* (parler gras), à cause même de la prononciation, conserve l'y partout : Je *grasseye*, tu *grasseyes*, il *gras-
seyera*, etc.

2° L'emploi de *y* et de *i*, aux deux prem. pers. plur. de l'*imparfait*
de l'*Indicatif* et du *présent* du *Subjonctif*, s'explique très bien, comme
dans les verbes en *ier* (V. 237. *Rem.*) ; c'est que l'*y* fait partie du
radical et que *ions*, *iez* sont les terminaisons naturelles de ces deux
temps, dans tous les verbes. Sous ce rapport, la conjugaison est donc
très régulière.

3° Le verbe *avoir* fait, au présent du Subjonctif, *que nous ayons*,
que vous ayez, sans *i*.

SECONDE CONJUGAISON.

267. *Bénir.* Le verbe *bénir* a deux participes passés :
béni, *bénie* et *bénit*, *bénite*.

Le participe *béni*, *bénie*, se dit des personnes et des
choses sur lesquelles descendent les faveurs de Dieu ; il se
dit aussi d'une personne qui reçoit la *bénédiction* d'une
autre :

Peuple *béni* de Dieu ; terre *bénie* du Ciel ; enfant *béni* de son
père, etc.

Le participe *bénit*, *bénite* ne s'emploie que comme adjectif, et se dit des objets consacrés par une cérémonie re-
ligieuse :

Du pain *bénit* ; de l'eau *bénite* ; un drapeau *bénit* ; une croix *bénite*, etc.

REM. Dans la conjugaison active du verbe *bénir*, le participe passé, employé dans les temps composés, est toujours *béni* :

J'ai *béni* du pain, tu as *béni* de l'eau, il a *béni* un drapeau, nous
avons *béni* deux chapelets, etc., et non pas *bénit*.

268. *Haïr.* Le verbe *haïr* conserve le tréma (17) dans
toute sa conjugaison, excepté seulement aux trois personnes du singulier du *présent* de l'Indicatif : *Je hais, tu hais,
il hait*, et à la seconde personne du singulier de l'Impératif : *hais*.

Le tréma remplace l'accent circonflexe au passé défini :
Nous haïmes, vous haïtes, et à l'*imparfait* du Subjonctif,
qu'il haït.

269. *Fleurir.* Lorsque *fleurir* signifie *être en fleur*, il
est régulier et se conjugue exactement comme *finir* (238).

Part. prés. *fleurissant*; imparf. de l'Indicat. *il fleuris-sait, elles fleurissaient.*

Quand *fleurir* est pris dans un sens figuré, pour signi-fier *prospérer, être en progrès, être en honneur,* il fait, au participe présent, *florissant,* et, à l'imparf. de l'Indi-cat, je *florissais,* tu *florissais,* il *florissait,* nous *floris-sions,* vous *florissiez,* ils *florissaient.*

270. *Observation.* Les verbes *dormir, mentir, partir, se repentir, sentir, servir, sortir,* que nous reverrons dans les tableaux des verbes irréguliers (298), perdent la der-nière consonne du radical, au singulier du *présent* de l'In-dicatif et de l'Impératif, où elle est remplacée par *s, s, t* : Je *dors,* tu *dors,* il *dort, dors* ; je *mens,* tu *mens,* il *ment, mens* ; je me *repens* ; tu *sens* ; je *sors,* tu *sort,* il *sort, sors, etc.*

TROISIÈME CONJUGAISON.

271. *Devoir* et *redevoir.* Le verbe *devoir* et son composé *redevoir* prennent un accent circonflexe au participe passé masculin singulier seulement : *dû, redû.*

272. De tous les verbes de la troisième conjugaison, il n'y a que ceux qui sont terminés en *evoir,* qui se conju-guent sur le modèle *recevoir* (239). Les autres, comme *mouvoir, savoir, voir,* etc., sont *irréguliers* et se trouvent aux tableaux de la conjugaison irrégulière (299).

QUATRIÈME CONJUGAISON.

273. Verbes en *indre* et en *soudre.* Les verbes en *dre,* de la quatrième conjugaison, excepté les verbes en *indre* et les verbes en *soudre,* prennent *ds, ds, d,* aux trois personnes du singulier du *présent* de l'Indicatif, et se conjuguent ré-gulièrement sur le modèle *rendre* (240). Ainsi les verbes *mordre, répondre, coudre,* etc., font à l'Indicatif : *Je mords, tu mords, il mord ; je réponds, tu réponds, il ré-pond ; je couds, tu couds, il coud,* etc.

Mais les verbes en *indre* et en *soudre* font exception : ils perdent le *d* et prennent *s, s, t* à la place de *ds, ds, d.* Ainsi les verbes *craindre, peindre, absoudre, résoudre,* etc., font, au singulier du présent de l'Indicatif :

Je *crains,* tu *crains,* il *craint* ; je *peins,* tu *peins,* il *peint.*
J'*absous,* tu *absous,* il *absout* ; je *résous,* tu *résous,* il *résout.*

274. Les verbes en *aitre,* et en *oître,* comme *naître,*

paraître, croître, accroître, etc., perdent le *t* du radical, et le remplacent par *s, s, t* au sing. du présent de l'Indicatif :

Je *nais*, tu *nais*, il *naît ;* je *parais*, tu *parais*, il *paraît;* je *crois*, tu *crois*, il *croît*, etc.

De plus, l'accent circonflexe se met sur l'*i*, toutes les fois que le *t* reparaît dans la conjugaison. (Il *naîtra*, elles *naîtraient.*) Le verbe *croître* prend cet accent aux deux première personnes *je crois, tu crois ; je crûs, tu crûs*, afin que l'on ne confonde pas ces personnes avec les mêmes du verbe *croire.* (Je *crois*, tu *crois*, il *croit*; je *crus*, tu *crus*).

275. Les verbes *suivre, vivre* et leurs composés *poursuivre, survivre*, etc., remplacent également le *v* du radical par *s, s, t* au sing. du présent de l'Indicatif :

Je *suis*, tu *suis*, il *suit ;* je *vis*, tu *vis*, il *vit*, etc.

276. Les verbes *battre, mettre, vaincre* et leurs composés *combattre, remettre, convaincre*, etc., conservent le *t* et le *c* du radical : Je *bats*, tu *bats*, il *bat*; je *mets*, tu *mets*, il *met*; je *vaincs*, tu *vaincs*, il *vainc*, etc. Cependant *vaincre* et ses composés changent le *c* en *q*, dans les temps formés du participe *présent* :

Vainquant : Nous *vainquons*, vous *vainquiez*, qu'ils *vainquent*, etc.

CONJUGAISON DES VERBES PASSIFS. (186).

277. Nous avons vu plus haut (186 et 187) ce qu'on entend par verbe *passif.* La conjugaison en est très facile : elle se compose de l'auxiliaire *être*, employé dans tous ses temps, et du *participe passé* du verbe *actif* que l'on veut conjuguer sous la forme passive.

278. Dans la conjugaison *passive*, le participe passé s'accorde toujours en *genre* et en *nombre* avec le sujet du verbe (164). Ce sujet est ou un *nom* ou l'un des pronoms *je, tu, il, elle, nous, vous, ils, elles.*

279. **MODÈLE DE CONJUGAISON PASSIVE :** *être aimé.*

INFINITIF (1er mode.	Participe présent.
Présent.	Étant aimé, *ou* aimée.
Être aimé, *ou* être aimée.	*Participe passé.*
Passé.	M. aimé ; *fém.* aimée ;
Avoir été aimé, *ou* aimée.	ayant été aimé, *ou* aimée.

INDICATIF (2e mode.)

Présent

Je suis aimé.
Tu es aimé.
Il est aimé.
Nous sommes aimés.
Vous êtes aimés.
Ils sont aimés.

Pour le féminin :

Je suis aimée.
Tu es aimée.
Elle est aimée.
Nous sommes aimées.
Vous êtes aimées.
Elles sont aimées. (*)

Imparfait.

J'étais aimé.
Tu étais aimé.
Il était aimé.
Nous étions aimés.
Vous étiez aimés.
Ils étaient aimés. (**)

Passé défini.

Je fus aimé.
Tu fus aimé.
Il fut aimé.
Nous fûmes aimés.
Vous fûtes aimés.
Ils furent aimés.

Passé indéfini.

J'ai été aimé.
Tu as été aimé.
Il a été aimé.
Nous avons été aimés.
Vous avez été aimés.
Ils ont été aimés.

Passé antérieur.

J'eus été aimé.
Tu eus été aimé.
Il eut été aimé.
Nous eûmes été aimés.
Vous eûtes été aimés.
Ils eurent été aimés.

Plus-que-parfait.

J'avais été aimé.
Tu avais été aimé.
Il avait été aimé.
Nous avions été aimés.
Vous aviez été aimés.
Ils avaient été aimés.

Futur simple.

Je serai aimé.
Tu seras aimé.
Il sera aimé.
Nous serons aimés.
Vous serez aimés.
Ils seront aimés.

Futur antérieur.

J'aurai été aimé.
Tu auras été aimé.
Il aura été aimé.
Nous aurons été aimés.
Vous aurez été aimés.

(*) Il suffit sans doute de donner ici un temps au féminin, pour avertir le maître de l'utilité qu'il y a de faire conjuguer en entier un verbe, tantôt à un genre, tantôt à un autre, sous les quatre formes indiquées ci-dessus. (235 à 259).

(**) On peut, pour abréger, n'écrire qu'une fois le participe (aimé, aimés) au singulier et au pluriel : J'étais, tu étais, il était aimé ; nous étions, vous étiez, ils étaient aimés.

Ils auront été aimés.

CONDITIONNEL (3e mode.)

Présent.

Je serais aimé.
Tu serais aimé.
Il serait aimé.
Nous serions aimés.
Vous seriez aimés.
Il seraient aimés.

Passé.

J'aurais été aimé.
Tu aurais été aimé.
Il aurait été aimé.
Nous aurions été aimés.
Vous auriez été aimés.
Ils auraient été aimés.

On dit aussi, ou *second passé.*

J'eusse été aimé.
Tu eusses été aimé.
Il eût été aimé.
Nous eussions été aimés.
Vous eussiez été aimés.
Ils eussent été aimés.

IMPÉRATIF (4e mode.)

Point de 1re pers. du sing., ni de 3e pour les deux nombres.

Sois aimé.
Soyons aimés.
Soyez aimés.

SUBJONCTIF (5e mode.)

Présent ou *futur.*

Que je sois aimé.
Que tu sois aimé.
Qu'il soit aimé.
Que nous soyons aimés.
Que vous soyez aimés.
Qu'ils soient aimés.

Imparfait.

Que je fusse aimé.
Que tu fusses aimé.
Qu'il fût aimé.
Que nous fussions aimés.
Que vous fussiez aimés.
Qu'ils fussent aimés.

Passé.

Que j'aie été aimé.
Que tu aies été aimé..
Qu'il ait été aimé.
Que nous ayons été aimés.
Que vous ayez été aimés.
Qu'ils aient été aimés.

Plus-que-parfait.

Que j'eusse été aimé.
Que tu eusses été aimé.
Qu'll eût été aimé.
Que nous eussions été aimés.
Que vous eussiez été aimés.
Qu'ils eussent été aimés.

Conjuguez de cette manière les verbes suivants dans les quatre conjugaisons :

1re conjugais.	2e conjugais.	3e conjugais.	4e conjugais.
Être consolé.	Être applaudi.	Être reçu.	Être attendu.
Être corrigé	Être averti.	Être aperçu.	Être défendu.

Être désiré. *Être choisi.* *Être dû.* *Être mordu.*
Être porté. *Être muni.* *Être ému.* *Être perdu,* etc.

CONJUGAISON DES VERBES NEUTRES. (188).

280. Dans leurs temps *simples* (219), les verbes *neutres* se conjuguent exactement comme les verbes actifs dont on voit les modèles aux nos 237 à 240.

281. Dans les temps composés, certains verbes neutres prennent l'auxiliaire *avoir*, et d'autres, l'auxiliaire *être*.

282. Les verbes neutres qui prennent l'auxiliaire *avoir* se conjuguent absolument comme les verbes *actifs* de la conjugaison à laquelle ils appartiennent. Ainsi *marcher* se conjugue comme *donner* ; *languir*, comme *finir* ; *dépendre*, comme *rendre*, etc.

Le participe *passé* reste toujours invariable, soit dans la conjugaison, soit hors d'elle, attendu qu'il n'a jamais de complément *direct* (188).

283. MODÈLE DES VERBES NEUTRES CONJUGUÉS AVEC *avoir*.

Temps primitifs (244) : *Languir, languissant, langui,* je *languis,* je *languis.*

INFINITIF (1er mode.)
Présent.
Languir.
Passé.
Avoir langui.

Participe présent.
Languissant.

Participe passé.
Langui (invar.), ayant langui.

INDICATIF. (2e mode.)
Présent.
Je languis.

Tu languis.
Il languit.
Nous languissons.
Vous languissez.
Ils languissent.

Imparfait.
Je languissais.
Tu languissais.
Il languisssait.
Nous languissions.
Vous languissiez.
Ils languissaient.

Passé défini.
Je languis.

Tu languis.
Il languit.
Nous languîmes.
Vous languîtes.
Ils languirent.

Passé indéfini.

J'ai langui.
Tu as langui.
Il a langui.
Nous avons langui.
Vous avez langui.
Ils ont langui.

Passé antérieur.

J'eus langui.
Tu eus langui.
Il eut langui.
Nous eûmes langui.
Vous eûtes langui.
Ils eurent langui.

Plus-que-parfait.

J'avais langui.
Tu avais langui.
Il avait langui.
Nous avions langui.
Vous aviez langui.
Ils avaient langui.

Futur simple.

Je languirai.
Tu languiras.
Il languira.
Nous languirons.
Vous languirez.
Ils languiront.

Futur antérieur.

J'aurai langui.
Tu auras langui.
Il aura langui.

Nous aurons langui.
Vous aurez langui.
Ils auront langui.

CONDITIONNEL (3e mode.)

Présent.

Je languirais.
Tu languirais.
Il languirait.
Nous languirions.
Vous languiriez.
Ils languiraient.

Passé.

J'aurais langui.
Tu aurais langui.
Il aurait langui.
Nous aurions langui.
Vous auriez langui.
Ils auraient langui.

On dit aussi, ou second passé.

J'eusse langui.
Tu eusses langui.
Il eût langui.
Nous eussions langui.
Vous eussiez langui.
Ils eussent langui.

IMPÉRATIF (4e mode.)

Point de 1re pers., au sing. ni de 3e pour les deux nombres.

Languis.
Languissons.
Languissez.

SUBJONCTIF. (5e mode.)

Présent ou futur.

Que je languisse.
Que tu languisses.

Qu'il languisse.
Que nous languissions.
Que vous languissiez.
Qu'ils languissent.

Imparfait.

Que je languisse.
Que tu languisses.
Qu'il languît.
Que nous languissions.
Que vous languissiez.
Qu'ils languissent.

Passé.

Que j'aie langui.

Que tu aies langui.
Qu'il ait langui.
Que nous ayons langui.
Que vous ayez langui.
Qu'ils aient langui.

Plus-que-parfait.

Que j'eusse langui.
Que tu eusses langui.
Qu'il eût langui.
Que nous eussions langui.
Que vous eussiez langui.
Qu'ils eussent langui.

Conjuguez ainsi les verbes suivants :

1re conjugais.	2me conjugais.	3me conjugais.	4me conjugais.
sur *donner* :	sur *finir* :	sur *recevoir* :	sur *rendre* :
Bouder.	Bondir.	*Il n'y a pas*	Dépendre.
Marcher.	Grandir.	*de verbes ré-*	Fondre.
Tousser.	Maigrir.	*guliers de cette*	Prétendre, etc.
Trembler, etc.	Murir, etc.	*conjugaison.*	

284. **VERBES NEUTRES CONJUGUÉS AVEC** *être.*

Quant aux verbes neutres qui prennent l'auxiliaire *être,* les temps composés (220) se conjuguent comme les verbes passifs, c'est-à-dire que le participe *passé,* dans ces temps, s'accorde toujours, en *genre* et en *nombre,* avec le sujet du verbe (164, 279).

Modèle. — *Entrer.*

Temps primitifs : *Entrer, entrant, entré,* j'entre , j'entrai.

INFINITIF. (1er mode.)
Présent.
Entrer.
Passé.
Être entré.

Participe présent.
Entrant.

Participe passé.
m. entré, *f.* entrée.

Étant entré, *ou* entrée.

INDICATIF. (2e mode.
Présent.
J'entre. (280).

Tu entres.
Il entre.
Nous entrons.
Vous entrez.
Ils entrent.

Imparfait.

J'entrais.
Tu entrais.
Il entrait.
Nous entrions.
Vous entriez.
Ils entraient.

Passé défini.

J'entrai.
Tu entras.
Il entra.
Nous entrâmes.
Vous entrâtes.
Ils entrèrent.

Passé indéfini.

Je suis entré (*).
Tu es entré.
Il est entré.
Nous sommes entrés.
Vous êtes entrés.
Ils sont entrés.

Passé antérieur.

Je fus entré.
Tu fus entré.
Il fut entré.
Nous fûmes entrés.
Vous fûtes entrés.
Il furent entrés.

Plus-que-parfait.

J'étais entré.

Tu étais entré.
Il était entré.
Nous étions entrés.
Vous étiez entrés.
Ils étaient entrés.

Futur simple.

J'entrerai.
Tu entreras.
Il entrera.
Nous entrerons.
Vous entrerez.
Ils entreront.

Futur antérieur.

Je serai entré.
Tu seras entré.
Il sera entré.
Nous serons entrés.
Vous serez entrés.
Ils seront entrés.

CONDITIONNEL. (3ᵉ mode.)

Présent.

J'entrerais.
Tu entrerais.
Il entrerait.
Nous entrerions.
Vous entreriez.
Ils entreraient.

Passé.

Je serais entré.
Tu serais entré.
Il serait entré.
Nous serions entrés.
Vous seriez entrés.
Ils seraient entrés.

(*) Pour le *féminin*, on écrirait : Je suis *entrée*, tu es *entrée*, elle est *entrée*, nous sommes *entrées*, etc. L'élève doit s'exercer à conjuguer tantôt à un genre, tantôt à un autre.

On dit aussi, ou *second passé.*

Je fusse entré.
Tu fusses entré.
Il fût entré.
Nous fussions entrés.
Vous fussiez entrés.
Ils fussent entrés.

IMPÉRATIF. (4ᵉ mode.)

Point de 1ʳᵉ *personne du singulier, ni de* 3ᵉ *pour les deux nombres.*

Entre.
Entrons.
Entrez.

SUBJONCTIF (5ᵉ mode.)

Présent, ou *Futur.*

Que j'entre.
Que tu entres.
Qu'il entre.
Que nous entrions.
Que vous entriez.

Qu'ils entrent.

Imparfait.

Que j'entrasse.
Que tu entrasses.
Qu'il entrât.
Que nous entrassions.
Que vous entrassiez.
Qu'ils entrassent.

Passé.

Que je sois entré.
Que tu sois entré.
Qu'il soit entré.
Que nous soyons entrés.
Que vous soyez entrés.
Qu'ils soient entrés.

Plus-que-parfait.

Que je fusse entré.
Que tu fusses entré.
Qu'il fût entré.
Que nous fussions entrés.
Que vous fussiez entrés.
Qu'ils fussent entrés.

Conjuguez ainsi les verbes suivants :

1ʳᵉ conjugais.	2ᵉ conjugais.	3ᵉ conjugais.	4ᵉ conjugais.
Arriver (*).	*Partir.*	*Il n'y a pas*	*Descendre.*
Demeurer.	*Repartir.*	*de verbes ré-*	*Redescendre,*
Rester.	*Sortir*, etc.	*guliers de cette*	etc.
Tomber, etc.		*conjugaison.*	

(*) Une faute grave qui se rencontre tous les jours dans les livres, comme dans le langage familier, est celle-ci : *Quoi qu'il arrive.* Le pronom relatif de *quoi* doit être nécessairement *qui*, dans ce cas ; on ne saurait analyser la phrase autrement. Il faut donc dire : *Quoi qui arrive,* en faisant *qui* sujet de *arrive.* Le relatif *que* ne s'emploie après *quoi* que devant un verbe *actif*; comme dans ces exemples : *Quoi que vous fassiez ; quoi qu'il dise,* etc.

Aug. Br. *Gr. Fr.*

CONJUGAISON DES VERBES PRONOMINAUX. (191).

285. Comme on l'a vu n° 191, des deux pronoms personnels qui entrent dans la composition d'un verbe *pronominal*, le premier est *sujet*, et le second est *complément*. Au mode *Infinitif*, il n'y a que le pronom complément *se*, parce que ce mode n'a jamais de sujet.

286. Dans les temps *simples* (219), les verbes pronominaux se conjuguent exactement comme les verbes actifs de la conjugaison à laquelle ils appartiennent.

(*Se montrer*, comme *donner*; se *munir*, comme *finir*, etc.)

287. Dans les temps composés (220), ces verbes prennent l'auxiliaire *être*, mis pour *avoir*; alors le participe passé s'accorde toujours, en *genre* et en *nombre*, avec le second pronom, c'est-à-dire avec le complément direct (179). *Nous nous sommes présentés, elles se sont présentées*, etc. C'est-à-dire *nous avons présenté nous, elles ont présenté se* (*elles*, 311).

288. VERBES PRONOMINAUX-ACTIFS. (194.)

Modèle. — *Se présenter.*

Temps primitifs : *Se présenter, se présentant, présenté, je me présente, je me présentai.*

INFINITIF. (1er mode).
Présent.

Se présenter.

Passé.

S'être présenté, *ou* présentée.

Participe présent.

Se présentant.

Participe passé.

m. présenté, *fém.* présentée.

S'étant présenté, *ou* présentée.

INDICATIF. (2e mode.)
Présent.

Je me présente.
Tu te présentes.
Il se présente.
Nous nous présentons.
Vous vous présentez.
Ils se présentent.

Imparfait.

Je me présentais.

Tu te présentais.

Il se présentait.

Nous nous présentions.

Vous présentiez.

Ils se présentaient.

Passé défini.

Je me présentai.

Tu te présentas.

Il se présenta.

Nous nous présentâmes.

Vous vous présentâtes.

Ils se présentèrent.

Passé indéfini.

Je me suis présenté (*).

Tu t'es présenté (**).

Il s'est présenté.

Nous nous sommes présentés.

Vous vous êtes présentés.

Ils se sont présentés.

Passé antérieur.

Je me fus présenté.

Tu te fus présenté.

Il se fut présenté.

Nous nous fûmes présentés.

Vous vous fûtes présentés.

Ils se furent présentés.

Plus-que-parfait.

Je m'étais présenté.

Tu t'étais présenté.

Il s'était présenté.

Nous nous étions présentés.

Vous vous étiez présentés.

Ils s'étaient présentés.

Futur.

Je me présenterai.

Tu te présenteras.

Il se présentera.

Nous nous présenterons.

Vous vous présenterez.

Ils se présenteront.

Futur antérieur.

Je me serai présenté.

Tu te seras présenté.

Il se sera présenté.

Nous nous serons présentés.

Vous vous serez présentés.

Ils se seront présentés.

CONDITIONNEL.   (3e mode.)

Présent.

Je me présenterais.

Tu te présenterais.

Il se présenterait.

Nous nous présenterions.

Vous vous présenteriez.

Ils se présenteraient.

Passé.

Je me serais présenté.

Tu te serais présenté.

Il se serait présenté.

Nous nous serions présentés.

Vous vous seriez présentés.

Ils se seraient présentés.

On dit aussi, ou second
passé.

Je me fusse présenté.

(*) Il est évident que pour le *féminin*, on dirait : *Je me suis pré-sentée, tu t'es* présentée, *elle s'est* présentée, *nous nous sommes* pré-sentées, *etc.*

(**) Dans les pronoms *me, te, se,* comme dans *je,* on remplace la voyelle *e* par une apostrophe, devant un verbe commençant par une voyelle, comme *avoir, être.*

Tu te fusses présenté.
Il se fût présenté.
Nous nous fussions présen-
tés.
Vous vous fussiez présentés.
Ils se fussent présentés.

IMPÉRATIF. (3e mode. 207.)

*Point de 1re pers. du sing.
ni de 3e pour les deux nombres.*

Présente-toi.
Présentons-nous.
Présentez-vous.

SUBJONCTIF. (5e mode.)

Présent ou *futur.*

Que je me presente.
Que tu te présentes.
Qu'il se présente.
Que nous nous présentions.
Que vous présentiez.
Qu'ils se présentent.

Imparfait.

Que je me présentasse.
Que tu te présentasses.
Qu'il se présentât.
Que nous nous présentassions.
Que vous vous présentassiez.
Qu'ils se présentassent.

Passé.

Que je me sois présenté.
Que tu te sois présenté.
Qu'il se soit présenté.
Que nous nous soyons présentés.
Que vous vous soyez présentés.
Qu'ils se soient présentés.

Plus-que-parfait.

Que je me fusse présenté.
Que tu te fusses présenté.
Qu'il se fût présenté.
Que nous nous fussions présentés.
Que vous vous fussiez présentés.
Qu'ils se fussent présentés.

RÉM. 1° Dans la conjugaison, l'Infinitif n'est précédé
que d'un pronom, qui est *se.* Après un autre verbe, l'Infinitif du verbe pronominal n'est précédé non plus que
d'un pronom, mais ce pronom est de la même personne
que celui du verbe qui précède :

Je puis me tromper; nous pourrons nous présenter, etc.

2° A l'Impératif, le pronom sujet étant sous-entendu, il
ne reste que le pronom complément. A la 2e pers. du sing.
le pronom *te* se trouve remplacé pour *toi,* qui a la même
signification.

Conjuguez ainsi les verbes suivants:

1re conjug.	2e conjug.	3e conjug.	4e conjug.
S'adresser.	*S'adoucir.*	*S'apercevoir.*	*S'attendre.*
Se flatter.	*Se divertir.*	*Se concevoir.*	*Se mordre.*
Se priver.	*Se munir.*	*Se recevoir,*	*Se perdre.*
Se tromper.	*S'unir,* etc.	etc.	*Se rendre, etc.*

289. Les verbes précédents sont *pronominaux-actifs* (194) parce qu'ils viennent de verbes *actifs*, et qu'ils ont comme eux un complément direct. (179).

Mais il y en a qui viennent de verbes *neutres*, et que, pour cette raison, on appelle verbes *pronominaux-neutres*.

Dans ces derniers, il y a à considérer si les verbes *neutres* d'où ils viennent prennent l'auxiliaire *avoir* ou l'auxiliaire *être*.

290. Les verbes pronominaux venant de verbes *neutres* qui prennent l'auxiliaire *avoir*, ont toujours le participe *invariable* dans les temps composés, parce que le second pronom n'est qu'un complément *indirect* (180), et que l'auxiliaire *être* y est toujours employé pour l'auxiliaire *avoir*.

Ainsi les verbes *se parler, se nuire*, font, au passé *indéfini*, avec le participe invariable : *Nous nous sommes* parlé, *vous vous êtes* nui, *ils se sont* parlé, *elles se sont* nui ;

Parce que le second pronom *nous, vous, se*, signifiant *à nous, à vous, à eux, à elles*, est un complément *indirect*. (Nous avons parlé *à nous* ; vous avez nui *à vous*, etc.).

Il faut conjuguer ainsi, dans tous les temps composés, les verbes *se ressembler, se succéder, se convenir, se complaire, se déplaire, se rire, se sourire, se survivre*. (Voir les tableaux 300).

291. Quant aux verbes pronominaux venant de verbes *neutres* qui prennent l'auxiliaire *être*, ils suivent exactement la conjugaison de ces derniers (284), c'est-à-dire que le participe passé varie toujours et s'accorde en *genre* et en *nombre* avec le nom ou pronom *sujet*.

Ces verbes se conjuguent avec le pronom *en*, qui se place avant l'auxiliaire. Tels sont les deux verbes *s'en aller, s'en retourner*.

Passé indéfini : *Je m'en suis* allé, *nous nous en sommes* allés, *elles s'en sont* allées, etc.

292. Les verbes *essentiellement* pronominaux (193), excepté *s'arroger*, ont toujours leur participe variable. Ainsi les verbes *s'emparer, s'abstenir, s'enfuir, se repentir*, font aux temps composés : *Nous nous sommes* emparés, *vous vous êtes* abstenus, *elle se sera* repentie, *ils se seraient* repentis, etc. (Le second pronom est considéré comme complément direct, dans ces verbes).

Tandis que pour le verbe *s'arroger*, on dirait : *Nous nous sommes* arrogé (*des droits*), *ils se sont* arrogé (*des droits*), parce que le second pronom n'est qu'un complément *indirect*.

CONJUGAISON DES VERBES UNIPERSONNELS. (195).

293. Comme on l'a vu n° 195, le verbe unipersonnel ne s'emploie qu'à la *troisième* personne du singulier, et le pronom *il*, dont il est accompagné, n'est point le *sujet* réel de ce verbe ; il n'est qu'un sujet apparent, qu'un sujet *verbal*, pour faciliter la conjugaison. (V. 195 à 197).

6

MODÈLE DE CONJUGAISON UNIPERSONNELLE. — *Tonner.*

Temps primit. (245) : *Tonner, tonnant, tonné, il tonne, il tonna.* (1re conjugaison).

INFINITIF. (1er mode.)

Présent.

Tonn er.

Passé.

Avoir tonn é.

Participe présent.

Tonn ant.

Participe passé.

Tonn é, ayant tonn é.

INDICATIF. (2e mode.)

Présent.

Il tonn e.

Imparfait.

Il tonn ait.

Passé défini.

Il tonn a.

Passé indéfini.

Il a tonn é.

Passé antérieur.

Il eut tonn é.

Plus-que-parfait.

Il avait tonn é.

Futur simple.

Il tonn era.

Futur antérieur.

Il aura tonn é.

CONDITIONNEL. (3e mode.)

Présent.

Il tonn erait.

Passé

Il aurait tonn é.

On dit aussi, ou *second passé.*

Il eût tonn é.

IMPÉRATIF (4e mode.)

(*Il n'y en a pas.*)

SUBJONCTIF (5e mode.)

Présent ou *futur.*

Qu'il tonn e.

Imparfait.

Qu'il tonn ât.

Passé.

Qu'il ait tonn é.

Plus-que-parfait.

Qu'il eût tonn é.

Ainsi se conjuguent les verbes suivants :

1re conjugais.	2e conjugais.	3e conjugais.	4e conjugais.
Neiger, il neige.	*Convenir, il convient.*	*Falloir, il faut.*	*Suivre, il suit.*
Gréler, il grêle.			
Importer, il importe.		*Y avoir, il y a.*	
		Pleuvoir, il pleut.	

REM. 1° Les verbes *convenir, falloir, pleuvoir* et *suivre* sont irréguliers; on en trouvera les temps primitifs aux tableaux des verbes irréguliers. (297 à 300).

2° Les verbes *arriver, il arrive; résulter, il résulte; s'en suivre, il s'en suit*, prennent l'auxiliaire *être* dans leurs temps composés : *il est arrivé, il sera résulté, il s'en serait suivi*, etc.

3° Il sera bon que l'élève s'exerce à conjuguer quelques-uns de ces verbes sous les quatre formes, comme les précédents. (V. EXERC., *chap.* VI, n° 264).

DES VERBES IRRÉGULIERS ET DES VERBES DÉFECTIFS.

294. VERBES IRRÉGULIERS. On appelle *verbes irréguliers* ceux qui, dans leurs temps *primitifs* ou dans leurs temps *dérivés*, n'ont pas les mêmes terminaisons que les verbes modèles des quatre conjugaisons (237 à 240).

Courir, par exemple, fait au *présent* de l'Indicatif : *Je cours, tu cours, il court, nous courons, vous courez, ils courent;* s'il se conjuguait régulièrement sur le modèle *finir*, il ferait : *Je couris, tu couris, il courit, nous courissons*, etc.—Au futur, il fait : *Je courrai, tu courras*, etc. et non pas : *Je courirai, tu couriras*, etc.

295. Comme on le voit dans l'exemple ci-dessus, un verbe peut être irrégulier dans les temps *primitifs* et dans les temps *dérivés;* mais, d'ailleurs, les irrégularités ne peuvent exister que dans des temps *simples*, attendu que les temps *composés* se forment de l'*auxiliaire* et du participe *passé*.

296. *Verbes défectifs.* Les verbes *défectifs* sont ceux auxquels il manque certains temps ou certaines personnes, que l'usage n'admet pas. Tels sont les verbes *unipersonnels*, qui ne s'emploient qu'à la troisième pers. du sing. et qui n'ont pas d'*Impératif;* tel est le verbe *clore*, qui n'a ni participe *présent*, ni passé *défini*, etc.

Il est évident que, si un temps *primitif* manque, tous les temps *dérivés* qui en dépendent, manquent également (sauf quelques exceptions). Ainsi le même verbe *clore* étant privé de deux de ses temps primitifs (*part. présent* et *passé defini*), n'a ni le plur. de l'*Indicat.*, ni l'imparf. de *l'Indicat.*, ni le *présent* du Subjonct. ; ni l'*imparfait* du Subjonctif. Du reste les tableaux suivants expliquent toutes ces irrégularités.

TEMPS PRIMITIFS. (244.)

PRÉSENT DE L'INFINITIF. (246, 247.)	PARTICIPE PRÉSENT. (248 à 250.)	PARTICIPE PASSÉ. (251.)	PRÉSENT DE L'INDICATIF. (252.)	PASSÉ DÉFINI. (253.)
297. PREMIÈRE CONJUGAISON.				
Aller. *n. e.*	Allant.	Allé, ée.	Je vais.	J'allai.
Envoyer. (266).	Envoyant.	Envoyé,ée.	J'envoie.	J'envoyai.
298. SECONDE CONJUGAISON.				
Acquérir.	Acquérant.	Acquis,ise.	J'acquiers.	J'acquis.
Assaillir.	Assaillant.	Assailli, ie.	J'assaille.	J'assaillis.
Bouillir. *n. a.*	Bouillant.	Bouilli.	Je bous.	Je bouillis.
Courir.*n a.*	Courant.	Couru.	Je cours.	Je courus.

TEMPS DÉRIVÉS. (245 à 253)

qui ne se forment pas *régulièrement* des temps primitifs. (244).

NOTA. 1° Les verbes suivis de *n. a.*, sont *neutres* et prennent l'auxiliaire *avoir*; les verbes suivis de *n, e.*, sont *neutres* et prennent l'auxiliaire *être*. Les autres sont *actifs*, et comme tels, reçoivent l'auxiliaire *avoir*. (237 à 240).

2° Le verbe qui, aux temps dérivés, ne sont suivis d'aucune observation, se conjuguent régulièrement d'après leurs temps primitifs. (244).

Aller. Prés. de l'Indicat. : *Je vais, tu vas, il va*, nous allons, vous allez, *ils vont.* — Futur : *J'irai, tu iras, etc.* — Condit. : *J'irais, tu irais, etc.* — Impératif : *Va*, allons, allez. — Prés. du subjonct. : *Que j'aille, que tu ailles, qu'il aille*, que nous allions, que vous alliez, *qu'ils aillent.* Passé indéfini : *Je suis allé, tu es allé, il est allé, elle est allée, nous sommes allés*, ou *nous sommes allées, etc.*

Conjuguez ainsi : *S'en aller* (291), en mettant toujours le pronom *en* avant l'auxiliaire *être* dans les temps composés. — *Impératif :* Va-t'en, allons-nous-en, allez-vous-en.

Envoyer. Futur : *j'enverrai, tu enverras, etc.* ; —Conditionnel : *J'enverrais, tu enverrais, etc.*—Conjug. ainsi : *ren oyer.*

Acqué-rir. Présent de l'Indicat : *J'acquiers, tu acquiers, il acquiert*, nous acquérons, vous acquérez, *ils acquièrent.* — Imparfait : J'acquérais, tu acquérais, etc. (régulier). Futur : *J'acquerrai, tu acquerras, etc.* — Conditionnel : *J'acquerrais, tu acquerrais, etc.* — Impératif: *acquiers*, acquérons, acquérez. — Présent du subjonct. : *Que j'acquière, que tu acquières, qu'il acquière*, que nous acquérions, que vous acquériez, *qu'ils acquièrent.* — Conjuguez ainsi : *Conquérir, requérir.* — *S'enquérir.* (292).

Assail-lir. Futur : *J'assaillirai, tu assailliras, etc.* — Conditionn. : *J'assaillirais, tu assaillirais, etc.* — Et non pas : *J'assaillerai, tu assailleras, etc.*, comme le pensent quelques auteurs.

Conjuguez ainsi : *Tressaillir,* (je *tressaillirai, je tressaillirais, etc., n. a.* 283).

Bouillir. Présent de l'Indicat. : *Je bous, tu bous, il bout*, nous bouillons, vous bouillez, ils bouillent.—Impérat. : *bous, bouillons, bouillez.*

Courir. Futur : *Je courrai, tu courras, etc.* — Conditionn. : *Je courrais, tu courrais, etc.*

Conjuguez ainsi : *Accourir, concourir, discourir, parcourir, recourir, secourir.*

TEMPS PRIMITIFS. (244.)

PRÉSENT DE L'INFINITIF. (246, 247.)	PARTICIPE PRÉSENT. (248 à 250).	PARTICIPE PASSÉ. (251.)	PRÉSENT DE L'INDICATIF. (252.)	PASSÉ DÉFINI. (253.)
Cueillir.	Cueillant.	Cueilli, ie.	Je cueille.	Je cueillis.
Dormir. *n. a.*	Dormant.	Dormi.	Je dors.	Je dormis.
Faillir. *n. a.*	Faillant.	Failli.	Je faux.	Je faillis.
Férir.	» »	» »	» »	» »
Fuir. (266).	Fuyant.	Fui, ie.	Je fuis.	Je fuis.
Gésir. *n.*	Gisant.	» »	Il gît.	» »
Issir. *n.*	» (296).	Issu, ue.	» »	» »
Mentir. *n. a.*	Mentant.	Menti.	Je mens.	Je mentis.
Mourir. *n. c.*	Mourant.	Mort, te.	Je meurs.	Je mourus.

TEMPS DÉRIVÉS. (245 à 253)

qui ne se forment pas *régulièrement* des temps primitifs. (244).

Nota. 1° Les verbes suivis de *n. a.* sont *neutres* et prennent l'auxiliaire *avoir* ; les verbes suivis de *n. e.* sont *neutres* et prennent l'auxiliaire *être*. — Les autres sont *actifs*, et, comme tels, reçoivent l'auxiliaire *avoir* (237 à 240).

2° Les verbes qui, aux temps dérivés, ne sont suivis d'aucune observation, se conjuguent régulièrement d'après leurs temps primitifs.

Cueillir.	Futur : *Je cueillerai, tu cueilleras, etc.* — Conditionn. : *Je cueillerais, tu cueillerais, etc.* Conjuguez ainsi : *Acueillir, recueillir.*
Dormir.	Présent de l'Indicat. : *Je dors, tu dors, il dort*, nous dormons, etc. — Impérat. : *Dors*, dormons, dormez. Conjuguez ainsi : *Endormir* (actif) et *s'endormir*, (pronomin. 288).
Faillir.	Ce verbe n'est guère d'usage qu'au passé défini : *Je faillis, tu faillis, etc.*, et aux temps composés : *J'ai failli, tu avais failli, etc.* — Au futur, s'il était usité, on dirait : *Je faillirai, tu failliras, etc.*, et non pas : *Je faudrai, tu faudras, etc.* *Défaillir*, qui suit la conjugaison de *faillir*, n'est d'usage qu'à la première personne plurielle de l'Indicatif *nous défaillons;* à l'Imp. *je défaillais*, et aux temps composés.
Férir.	Signifie *frapper*, et ne s'emploie qu'à l'Infinitif : *Sans coup férir*, c'est-à-dire sans se battre, sans en venir aux mains.
Fuir.	*S'enfuir*, qui vient de *fuir*, prend l'auxiliaire *être* et suit la règle n° 292. — Passé indéfini : *Je me suis enfui, etc. ; nous nous sommes enfuis, etc.* — Impératif : *Enfuis-toi*, et non *enfuis-t'en*.
Gésir.	Ce verbe est usité seulement dans : *Gisant, il gît, nous gisons, vous gisez, ils gisent. Je gisais, tu gisais, il gisait, nous gisions, vous gisiez, ils gisaient.* — On dit : *Ci-gît* pour *ici gît* (ici repose).
Issir.	Ce verbe, qui signifie *venir de, descendre d'une personne, d'une race*, n'est plus d'usage qu'au part. passé, *issu, issue.*
Mentir.	Présent de l'Indicat. : *Je mens, tu mens, il ment, etc.* (270). — Impérat. : *Mens, etc.* Conjuguez ainsi le verbe actif *démentir* et le verbe pronominal *se démentir*.
Mourir.	Présent de l'Indicat. : *Je meurs, tu meurs, il meurt*, — Futur : *Je mourrai, tu mourras, etc.* — Conditionn.: *Je mourrais, tu mourrais, etc.* — Présent du Subj. : *Que je meure, que tu meures, ...* que nous mourions, que vous mouriez, *qu'ils meurent*.

TEMPS PRIMITIFS. (244).

PRÉSENT DE L'INFINITIF. (246, 247.)	PARTICIPE PRÉSENT. (248 à 250.)	PARTICIPE PASSÉ. (251.)	PRÉSENT DE L'INDICATIF. (252.)	PASSÉ DÉFINI. (253.)
Offrir.	Offrant.	Offert, te.	J'offre.	J'offris.
Ouïr.	» (296).	Ouï.	» »	» »
Ouvrir.	Ouvrant.	Ouvert, te.	J'ouvre.	J'ouvris.
Partir. *n. e.*	Partant.	Parti, ie.	Je pars.	Je partis.
Repentir (se)	Se repentant.	Repenti, ie.	Je me repens.	Je me repentis.
Saillir. (*n. a.*)	{ Saillissant. { Saillant.	Sailli.	{ Il saillit. { Il saille.	Il saillit.
Sentir.	Sentant.	Senti, ie.	Je sens.	Je sentis.
Servir.	Servant.	Servi, ie.	Je sers.	Je servis.
Sortir. *n. e.*	Sortant.	Sorti, ie.	Je sors.	Je sortis.
Tenir.	Tenant.	Tenu, ue.	Je tiens.	Je tins.

TEMPS DÉRIVÉS. (245 à 253)

qui ne se forment pas *régulièrement* des temps primitifs. (244).

NOTA. 1° Les verbes suivis de *n. a.* sont *neutres* et prennent l'auxiliaire *avoir* ; les verbes suivis de *n. e.* sont *neutres* et prennent l'auxiliaire *être.* — Les autres sont *actifs*, et, comme tels, reçoivent l'auxiliaire *avoir.* (237 à 240).

2° Les verbes qui, aux temps dérivés, ne sont suivis d'aucune observation, se conjuguent régulièrement d'après leurs temps primitifs. (244).

Offrir. Conjuguez ainsi : *Souffrir.*

Ouïr (entendre). Ce verbe n'est plus usité qu'à l'Infinitif *ouïr*, au part. passé, *ouï*, et aux temps composés, surtout devant le verbe *dire : J'ai ouï dire, nous avions ouï dire.* (J'ai entendu dire, etc.).

Ouvrir. Conjuguez ainsi les verbes actifs : *Couvrir, découvrir, entr'ouvrir, recouvrir, rouvrir,* et les verbes pronom. : *S'ouvrir, se couvrir, se découvrir, s'entr'ouvrir, se recouvrir, se rouvrir.*

Partir. Présent de l'Indicat. : *Je pars, tu pars, il part.* (270). — Impératif : *Pars.* — Conjuguez ainsi : *Repartir, (n.e.), départir* (actif) et *se départir,* (pronom.). — Ne confondez pas *repartir, n.* avec *répartir* (actif), qui se conjugue comme *finir* (238).

Repentir. Voyez l'observation, n° 270.

Saillir. 1° Ce verbe, dans le sens de *jaillir* ou sortir avec impétuosité, se dit des liquides, et se conjugue comme *finir* ; mais il n'est d'usage qu'à l'Infinitif et aux troisièmes personnes de quelques temps : *Il saillit, ils saillissent ; ils saillissaient,* etc.; *il a sailli,* etc.
2° Dans le sens de *déborder,* de s'avancer, comme une corniche, un balcon, il ne s'emploie également qu'aux troisièmes personnes et à l'*Infinitif,* mais avec d'autres terminaisons : *Saillant, il saille, ils saillaient, il saillera, elles sailleront, ils sailleraient ; elle a sailli,* etc.

Sentir. Voyez l'observation n° 270, et conjuguez ainsi : *Consentir, pressentir, ressentir, se ressentir.*

Servir. Voyez l'observation n° 270, et conjugez ainsi : *Desservir.* — Le verbe *asservir* est régulier, comme *finir.*

Sortir. Voyez l'observation n° 270, et conjuguez ainsi : *Ressortir.* — REM. Quand *ressortir* n'a pas le sens de *sortir* une seconde fois, mais qu'il signifie *être de la dépendance d'une juridiction,* il se conjugue comme *languir* (283) : *Je ressortis, ... nous ressortissons ;* ce canton *ressortit* à tel tribunal.

Tenir. Présent de l'Indicat. : *Je tiens, tu tiens, il tient,* nous tenons, vous tenez, *ils tiennent.* — Futur : *Je tiendrai, tu tiendras,* etc., — Conditionn. : *Je tiendrais, tu tien-*

Aug. Br. *Gr . Fr.* 7

TEMPS PRIMITIFS. (224)

PRÉSENT DE L'INFINITIF. (246, 247.)	PARTICIPE PRÉSENT. (248 à 250.)	PARTICIPE PASSÉ. (251.)	PRÉSENT DE L'INDICATIF. (252.)	PASSÉ DÉFINI. (253.)
Venir. *n. e.*	Venant.	Venu, ue.	Je viens,	Je vins.
Vêtir.	Vêtant.	Vêtu, ue.	Je vêts.	Je vêtis.

299. TROISIÈME CONJUGAISON.

PRÉSENT DE L'INFINITIF.	PARTICIPE PRÉSENT.	PARTICIPE PASSÉ.	PRÉSENT DE L'INDICATIF.	PASSÉ DÉFINI.
Asseoir (266).	Asseyant. »(296).	Assis, se.	J'assieds,	J'assis.
Choir. *n.*	»(296).	» »	» »	» »
Déchoir. *n. a.* ou *e.*	»(296).	Déchu, ue.	Je déchois.	Je déchus.

TEMPS DÉRIVÉS. (245 à 253)

qui ne forment pas régulièrement des temps primitifs. (244).

Nota. 1° Les verbes suivis de *n. a.* sont *neutres* et prennent l'auxiliaire *avoir*; les verbes suivis de *n. e.* sont *neutres* et prennent l'auxiliaire *être*. — Les autres sont *actifs*, et, comme tels, reçoivent l'auxiliaire *avoir*. (237 à 240).

2° Les verbes qui, aux temps dérivés, ne sont suivis d'aucune observation, se conjuguent régulièrement d'après leurs temps primitifs. (244).

drais, etc. — Présent du Subjonct. : *Que je tienne, que tu tiennes, qu'il tienne,* que nous tenions, que vous teniez, *qu'ils tiennent.*

Conjuguez ainsi : *Appartenir, contenir, détenir, entretenir, maintenir, obtenir, retenir, soutenir; — se contenir, s'entretenir, se maintenir,* etc. (288).

Venir. Présent de l'Indicat. : *Je viens, tu viens, il vient,* nous venons, vous venez, *ils viennent.* — Futur : *Je viendrai, tu viendras, etc.* — Condition. : *Je viendrais, tu viendrais, etc.* — Présent du Subjonct. : *Que je vienne, que tu viennes, qu'il vienne,* que nous venions, que vous veniez, *qu'ils viennent.*

Conjuguez ainsi : *Convenir* (demeurer d'accord), *devenir, intervenir, parvenir, revenir, subvenir.* — n. a. : *Convenir* (être convenable), *prévenir.* — *Se souvenir.* (292).

Vêtir. Présent de l'Indicat. : *Je vêts, tu vêts, il vêt,* nous vêtons, vous vêtez, *ils vêtent.* (Ce temps est peu usité, ainsi que l'Impérat. : *Vêts, vêtons, vêtez*).

Conjuguez ainsi : *Dévêtir, revêtir.* — *Se vêtir, se dévêtir, se revêtir.*

Asseoir. Présent de l'Indicat. : *J'assieds, tu assieds, il assied,* nous asseyons, vous asseyez, ils asseyent. — Futur : *J'assiérai, tu assiéras, etc.* — Condition. : *J'assiérais, tu assiérais, etc.* — Présent du Subjonct. : *Que j'asseie, que tu asseies, ... que nous asseyions, etc.*

Conjuguez ainsi : *Rasseoir.* — *S'asseoir, se rasseoir.*

Choir. Ce verbe, qui signifie *tomber,* n'est d'usage qu'à l'*Infinitif,* et s'emploie rarement.

Déchoir. Présent de l'Indicat. : *Je déchois, tu déchois, il déchoit,* nous déchoyons, vous déchoyez, ils déchoient. — Impar. : *Je déchoyais, tu déchoyais, etc.* (266). — Futur : *Je décherrai, tu décherras, etc.* — Condition. : *Je décherrais, tu décherrais, etc.* — Subjonct. : *Que je déchoie, que tu déchoies; que nous déchoyions* (266), etc., quoiqu'il n'ait pas de partic. présent. — Aux temps composés il prend *avoir* ou *être,* selon le sens.

TEMPS PRIMITIFS. (244).

PRÉSENT DE L'INFINITIF. (246, 247.)	PARTICIPE PRÉSENT. (248 à 250).	PARTICIPE PASSÉ. (251.)	PRÉSENT DE L'INDICATIF. (252.)	PASSÉ DÉFINI. (253.)
Échoir, n. e.	Échéant.	Échu, ue,	Il échoit.	Il échut.
Falloir. (293) a.	» (296).	Fallu.	Il faut.	Il fallut.
Mouvoir.	Mouvant.	Mu, ue.	Je meus.	Je mus.
Pleuvoir. (293) a.	Pleuvant.	Plu.	Il pleut.	Il plut.
Pourvoir. n. a. (266)	Pourvoyant.	Pourvu.	Je pourvois.	Je pourvus.
Pouvoir.	Pouvant.	Pu (invar).	Je puis.	Je pus.

TEMPS DÉRIVÉS. (245 à 253)

qui ne se forment pas régulièrement des temps primitifs. (244).

Nota. 1° Les verbes suivis de *n. a.* sont *neutres* et prennent l'auxiliaire *avoir*; les verbes suivis de *n. e.* sont *neutres* et prennent l'auxiliaire *être*. — Les autres sont *actifs*, et, comme tels, reçoivent l'auxiliaire *avoir*. (237 à 240).

2° Les verbes qui, aux temps dérivés, ne sont suivis d'aucune observation, se conjuguent régulièrement d'après leurs temps primitifs. (244).

Échoir. Ce verbe n'est guère d'usage qu'à la troisième personne du singulier et du pluriel. Cependant on le rencontre à la première personne du singulier. — Présent de l'Indicatif : *Il échoit*, quelquefois : *Il échet, ils échoient.* — Passé défini : *J'échus, il échut.* — Futur : *J'écherrai, il écherra, ils écherront.* — Conditionn. : *J'écherrais, il écherrait, ils écherraient.* — Rem. On ne peut guère employer ce verbe à la première personne qu'en parlant d'un esclave : *Je vous échus, je vous serais échu, etc.*

Falloir. Imparf. : *Il fallait.* — Futur : *Il faudra.* — Condit. : *Il faudrait.* — Présent du Subjonctif : *Qu'il faille* (quoiqu'il n'ait pas de participe présent).

Mouvoir. Présent de l'Indicat. : *Je meus, tu meus, il meut,* nous mouvons, vous mouvez, *ils meuvent.* — Futur : *Je mouvrai, tu mouvras,* etc. — Conditionn. : *Je mouvrais, tu mouvrais,* etc. — Présent du Subjonct. . *Que je meuve, que tu meuves, qu'il meuve,* que nous mouvions, que vous mouviez, *qu'ils meuvent.* — Conjuguez ainsi : *Émouvoir, se mouvoir, s'émouvoir.* (288).

Promouvoir n'est d'usage qu'à l'*Infinitif* et aux temps composés : *J'ai promu, tu avais promu,* etc. — Il a été promu, elle a été promue, etc.

Pleuvoir. Il n'a pas d'*Impératif.* — Il s'emploie quelquefois à la troisième personne du pluriel dans le sens d'*abonder* : Les honneurs *pleuvent* chez lui. (Acad.).

Pourv. Futur : *Je pourvoirai, tu pourvoiras,* etc. — Condit. : *Je pourvoirais, tu pourvoirais,* etc. — Ce verbe est actif dans le sens de *munir* : *Pourvoir un camp de munitions.* Participe passé : *Pourvu, ue.* — Conjuguez ainsi : *Se pourvoir.* (288).

Pouvoir. Présent de l'Indicat. : *Je peux ou je puis, tu peux, il peut,* nous pouvons, vous pouvez, *ils peuvent,* — Futur : *Je pourrai, tu pourras,* etc. — Conditionn. : *Je pourrais, tu pourrais,* etc. — Point d'*Impératif.* — Présent du Subjonct. : *Que je puisse, que tu puisses,* etc. — Le participe passé *pu* est toujours invariable. — Pour la forme interrogative, on dit toujours *puis-je* à la première personne du *présent* de l'Indicatif.

TEMPS PRIMITIFS. (244).

PRÉSENT DE L'INDICATIF. (246, 247.)	PARTICIPE PRÉSENT, (248 à 250.)	PARTICIPE PASSÉ. (251.)	PRÉSENT DE L'INDICATIF. (252.)	PASSÉ DÉFINI. (253.)
Prévaloir n. a.	Prévalant.	Prévalu.	Je prévaux.	Je prévalus.
Savoir.	Sachant.	Su, ue.	Je sais.	Je sus.
Seoir.	Séant. Séyant.	» (296).	Il sied.	»
Surseoir (266).	Sursoyant.	Sursis, se,	Je sursois.	Je sursis.
Valoir.	Valant.	Valu, ue.	Je vaux.	Je valus.
Voir. (266)	Voyant.	Vu, ue.	Je vois.	Je vis.

TEMPS DÉRIVÉS. (245 à 253)

qui ne se forment pas *régulièrement* des temps primitifs. (244).

Nota. 1° Les verbes suivis de *n, a*, sont *neutres* et prennent l'auxiliaire *avoir*; les verbes suivis de *n, e*, sont *neutres* et prennent l'auxiliaire *être*. — Les autres sont *actifs*, et, comme tels, reçoivent l'auxiliaire *avoir*. (237 à 240).

2° Les verbes qui, aux temps dérivés, ne sont suivis d'aucune observation, se conjuguent régulièrement d'après leurs temps primitifs. (244).

Prévaloir.	Il se conjugue comme *valoir*, ci-dessous, excepté au présent du Subjonctif, où il fait régulièrement : *Que je prévale, que tu prévales, qu'il prévale, que nous prévalions, etc.* — Conjuguez ainsi : *Se prévaloir* (288), avec le participe passé variable : *Nous nous sommes prévalus, etc.*
Savoir.	Présent de l'Indicat. : *Je sais, tu sais, il sait, nous savons, vous savez, ils savent.* — Imparf. : *Je savais, tu savais, etc.* — Futur : *Je saurai, tu sauras, etc.* — Conditionn. : *Je saurais, tu saurais, etc.* — Impérat. : *Sache, sachons, sachez.*
Seoir.	Dans le sens d'*être assis, être situé,* ce verbe n'est plus d'usage qu'au participe présent, *séant,* et au partic. passé, *sis, sise.* — Quand il signifie *être convenable,* il ne s'emploie qu'à la troisième personne du singulier, ou du pluriel de certains temps : *Il sied, ils siéent; il séyait, ils séyaient; il siéra, ils siéront; il siérait, ils siéraient.* — Point de temps composés. — Présent du Subjonctif : *Qu'il siée, qu'ils siéent.* — Participe présent : *Séyant.* — Conjuguez ainsi : *Messeoir* (n'être pas convenable).
Surseoir.	Prés. de l'Indic. : *Je sursois, tu sursois, il sursoit, nous sursoyons, etc.*—Imparf. : *Je sursoyais, etc.* Passé défini : *Je sursis, nous sursîmes, etc.*—*J'ai sursis, etc.*— Futur : *Je surseoirai, etc.*—Cond. : *Je surseoirais, etc.*— Imper. : *Sursois.*—Prés. du Subj. : *Que je sursoie, que nous sursoyions, etc.* — Ce verbe, dans le sens de *suspendre,* est actif : *On a sursis la délibération.* — En termes de palais, il est *neutre* : *Surseoir à l'exécution d'un arrêt.*
Valoir.	Prés. de l'Indic. : *Je vaux, tu vaux, il vaut, nous valons, vous valez, ils valent.* — Futur : *Je vaudrai, tu vaudras, etc.* — Cond. : *Je vaudrais, tu vaudrais, etc.* — Point d'*Impératif.* — Prés. du Subj. : *Que je vaille, que tu vailles, qu'il vaille, que nous valions, que vous valiez, qu'ils vaillent.* — Conjuguez ainsi : *Équivaloir,* (n. a.).
Voir.	Futur : *Je verrai, tu verras, etc.* — Cond. : *Je verrais, tu verrais, etc.* — Subj. : *Que je voie... que nous voyions, etc.*

TEMPS PRIMITIFS. (244).

PRÉSENT DE L'INFINITIF. (246, 247.)	PARTICIPE PRÉSENT. (248 à 250.)	PARTICIPE PASSÉ. (251.)	PRÉSENT DE L'INDICATIF. (252.)	PASSÉ DÉFINI. (253.)
Vouloir.	Voulant.	Voulu, ue.	Je veux.	Je voulus.

300. QUATRIÈME CONJUGAISON.

Absoudre.	Absolvant.	Absous, te.	J'absous.	» (296).
Battre.	Battant.	Battu, ue.	Je bats.	Je battis.
Boire.	Buvant.	Bu, ue.	Je bois.	Je bus.
Braire. *n.*	» (296).	» (296).	Il brait.	» (296).
Bruire. *n.*	» (296).	» (296).	Il bruit.	» (296).
Clore.	» (296).	Clos, se.	Je clos.	» (296).

TEMPS DÉRIVÉS (245 à 253)

qui ne se forment pas *régulièrement* des temps primitifs. (244).

NOTA. 1° Les verbes suivis de *n. a.* sont *neutres* et prennent l'auxiliaire *avoir*; les verbe suivis de *n. e.* sont *neutres* et prennent l'auxiliaire *être*. — Les autres sont *actifs*, et comme tels, reçoivent l'auxiliaire *avoir*. (237 à 240).

2° Les verbes qui, aux temps dérivés, ne sont suivis d'aucune observation, se conjuguent régulièrement d'après leurs temps primitifs. (244).

	Conjuguez ainsi : *Revoir, entrevoir.* — *Prévoir*, suit la même conjugaison, mais, au futur, il fait : *Je prévoirai, tu prévoiras, etc.*, et au Condit. : *Je prévoirais, tu prévoirais, etc.*
Vouloir.	Prés. de l'Ind. : *Je veux, tu veux, il veut, nous voulons, vous voulez, ils veulent.* — Futur : *Je voudrai, tu voudras, etc.* — Condit. : *Je voudrais, tu voudrais, etc.* — Impératif : *Veux, voulons, voulez* (peu usité), et mieux : *Veuille, voulons, veuillez.* — Prés. du Subj. : *Que je veuille, que tu veuilles, qu'il veuille, que nous voulions, que vous vouliez, qu'ils veuillent.*
Absoudre.	Conjuguez ainsi : *Dissoudre.*
Battre.	Conjuguez ainsi : *Abattre, combattre, débattre, etc.* — *S'abattre, se débattre, etc.*
Boire.	Prés. de l'Indic. : *Je bois, tu bois, il boit, nous buvons, vous buvez, ils boivent.* — Prés. du Subj. : *Que je boive, que tu boives, qu'il boive, que nous buvions, que vous buviez, qu'ils boivent.*
Braire.	Ce verbe se dit du cri de l'âne, et ne s'emploie qu'aux troisièmes pers. des temps suivants : Prés. de l'Indic. : *Il brait, ils braient.* — Futur : *Il braira, ils brairont.* — Condit. : *Il brairait, ils brairaient.* — Dans une fable, où les animaux semblent parler, on dirait : *Je brais; je brairai, nous brairons; je brairais, nous brairions, etc.* — Impérat. : *Brais.* — Brayant, brayons, etc.
Bruire.	Ce verbe n'est d'usage qu'à l'Infinitif, et aux troisièmes pers. du prés. et de l'imparf. de l'Indicat. : *Il bruit; il bruyait, ils bruyaient.*
Clore.	Prés. de l'Indic. : *Je clos, tu clos, il clot.* Point de plur. — Futur : *Je clorai, tu cloras, etc.* — Condit. : *Je clorais, tu clorais, etc.* — Impérat. : *Clos.* — Subjonct. : *Que je close, que tu closes, etc.* — Tous les temps composés : *J'ai clos; tu avais clos, etc.*
	Conjuguez ainsi : *Éclore* (*n. a.*) avec la troisième pers. du plur. *ils éclosent.*

TEMPS PRIMITIFS. (244).

PRÉSENT DE L'INFINITIF. (246, 247.)	PARTICIPE PRÉSENT. (248 à 250.)	PARTICIPE PASSÉ. (251.)	PRÉSENT DE L'INDICATIF. (252.)	PASSÉ DÉFINI. (253.)
Conclure.	Concluant.	Conclu, ue	Je conclus.	Je conclus.
Confire.	Confisant.	Confit, te.	Je confis.	Je confis.
Coudre.	Cousant.	Cousu, ue.	Je couds.	Je cousis.
Croire. (266).	Croyant.	Cru, ue.	Je crois.	Je crus.
Croître. *n. a.*	Croissant.	Crû, ûe.	Je croîs.	Je crûs.
Dire.	Disant.	Dit, te.	Je dis.	Je dis.
Écrire.	Écrivant.	Écrit, te.	J'écris.	J'écrivis.
Faire.	Faisant.	Fait, te.	Je fais.	Je fis.
Frire.	» (296).	Frit, te.	Je fris.	» (296).

TEMPS DÉRIVÉS. (245 à 253)

qui ne se forment pas *régulièrement* des temps primitifs, (244).

NOTA. 1° Les verbes suivis de *n. a.* sont *neutres* et prennent l'auxiliaire *avoir*; les verbes suivis de *n. e.* sont *neutres* et prennent l'auxiliaire *être*. — Les autres sont *actifs*, et comme tels, reçoivent l'auxiliaire *avoir*. (237 à 240).

2° Les verbes qui, aux temps dérivés, ne sont suivis d'aucune observation, se conjuguent régulièrement d'après leurs temps primitifs. (244).

Conclure.	Imparf. de l'Indicat. : *Nous concluions, vous concluiez*, et au prés. du Subj. : *Que nous concluions, que vous concluiez* (avec un tréma). Conjuguez ainsi : *Exclure, s'exclure.*
Confire.	Ce verbe s'emploie plus souvent à l'*Infinitif*, avec le verbe *faire* pour auxiliaire.
Coudre.	Prés. de l'Indicatif : *Je couds, tu couds, il coud*, nous *cousons, vous cousez, ils cousent.* — Futur : *Je coudrai, etc.* —Condit. : *Je coudrais, tu coudrais, etc.* —Subj. : *Que je couse, que tu couses, etc.* Conjuguez ainsi : *Découdre, recoudre ;* — *se découdre.*
Croire.	Le verbe *accroire*, qui semble suivre ce modèle, n'est d'usage qu'à l'Infinitif avec *faire*, qui lui sert d'auxiliaire.
Croître.	Conjuguez ainsi : *Accroître* (actif), *décroître* (neutre) ; *s'accroître.* — Le part. *accru*, sans acc. circonflexe. Cet accent disparaît également devant deux *ss*, dans tous ces verbes : *Nous croissons, vous croissez, que nous accrussions, qu'ils décrussent.*
Dire.	Prés. de l'Indicat. : *Je dis, tu dis, il dit*, nous disons, *vous dites*, ils disent. — Impérat. : *Dis*, disons, *dites.* Conjuguez ainsi : *Redire.* Les verbes *dédire, contredire, interdire, médire* et *prédire*, font : *Vous dédisez, vous contredisez, vous interdisez, vous médisez, vous prédisez.*—Le reste, comme *dire.*
Écrire.	Conjuguez ainsi : *Circonscrire, décrire, inscrire, prescrire, proscrire, récrire, souscrire, transcrire ;* — *s'inscrire, etc.*
Faire.	Prés. de l'Indicat. : *Je fais, tu fais, il fait*, nous faisons, *vous faites, ils font.*—Futur : *Je ferai, tu feras, etc.* — Condit. : *Je ferais, tu ferais, etc.* Prés. du Subj. : *Que je fasse, que tu fasses, etc.* Conjuguez ainsi : *Contrefaire, défaire, refaire, satisfaire, surfaire ;* — *se contrefaire, se refaire, etc.*
Frire.	Prés. de l'Ind. : *Je fris, tu fris, il frit.* (Point de plur.). Futur : *Je frirai, tu friras, etc.* — Condit. : *Je frirais, tu frirais, etc.* — Impérat. *Fris.* : (Point de plur.). Inusité aux autres temps simples. On y supplée par l'*Infinitif* avec le verbe *faire* : *Nous faisons frire.* — Passés : *J'ai frit, tu avais frit, etc.*

TEMPS PRIMITIFS. (244.)

PRÉSENT DE L'INFINITIF. (246, 247.)	PARTICIPE PRÉSENT. (248 à 250.)	PARTICIPE PASSÉ. (251.)	PRÉSENT DE L'INDICATIF. (252.)	PASSÉ DÉFINI. (253.)
Lire.	Lisant.	Lu, ue.	Je lis.	Je lus.
Luire. *n. a.*	Luisant.	Lui.	Je luis.	» (296).
Maudire.	Maudissant	Maudit, te.	Je maudis.	Je maudis.
Mettre.	Mettant.	Mis, se.	Je mets.	Je mis.
Moudre.	Moulant.	Moulu, ue.	Je mouds.	Je moulus.
Naître. *n. e.*	Naissant.	Né, ée.	Je nais.	Je naquis.
Nuire. *n. a.*	Nuisant.	Nui.	Je nuis.	Je nuisis.
Oindre.	Oignant.	Oint, te.	J'oins.	J'oignis.
Paître.	Paissant.	Pu (*invar.*)	Je pais.	» (296).
Paraître. *n. a.*	Paraissant.	Paru.	Je parais.	Je parus.
Peindre.	Peignant.	Peint, te.	Je peins.	Je peignis.
Plaire, *n. a.*	Plaisant.	Plu.	Je plais.	Je plus.

TEMPS DÉRIVÉS. (245 à 253)

qui ne se forment pas *régulièrement* des temps primitifs. (244).

NOTA. 1° Les verbes suivis de *n. a.* sont *neutres* et prennent l'auxiliaire *avoir* ; les verbes suivis de *n. e.* sont *neutres* et prennent l'auxiliaire *être*. — Les autres sont *actifs*, et, comme tels, reçoivent l'auxiliaire *avoir*. (237 à 240).

2° Les verbes qui, aux temps dérivés, ne sont suivis d'aucune observation, se conjuguent *régulièrement* d'après leurs temps primitifs. (244).

Lire.	Conjuguez ainsi : *Relire, élire, réélire.*
Luire.	Conjuguez ainsi : *Reluire.*
Mettre.	Conjuguez ainsi : *Admettre, commettre, compromettre, démettre, permettre, promettre, remettre.* — *Se compromettre, se démettre,* etc.
Moudre.	Conjuguez ainsi : *Remoudre, émoudre, rémoudre.*
Naître.	Présent de l'Indicat. : *Je nais, tu nais, il naît, nous naissons,* etc. — Futur : *Je naîtrai,* etc. — Condition. : *Je naîtrais, tu naîtrais,* etc. Conjuguez ainsi : *Renaître.* (On met l'accent circonflexe partout où l'*i* est suivi d'un *t*, n° 274).
Nuire.	Conjuguez ainsi les verbes actifs : *Instruire, conduire, déduire, produire, réduire,* etc., dont le participe passé se termine par un *t* (*instruit, conduit, déduit, produit, te,* etc., etc.); — *s'instruire, se conduire, se produire,* etc.
Oindre.	Présent de l'Indicatif : *J'oins, tu oins, ils oint, nous oignons, vous oignez, ils oignent.* — Futur : *J'oindrai, tu oindras,* etc. — Condit. : *J'oindrais, tu oindrais,* etc. — Ce verbe est peu usité, si ce n'est en parlant de l'Extrême-Onction.
Paître.	Présent de l'Indicatif : *Je pais, tu pais, il paît, nous paissons,* etc. — Temps composés : *J'ai pu, tu avais pu, ils auront pu,* etc. Les temps composés sont peu usités. Conjuguez ainsi : *Repaître,* — et *se repaître,* avec le passé défini : *Je repus; je me repus.*
Paraître.	Conjuguez ainsi : *Apparaître, comparaître, disparaître, reparaître*; et les verbes actifs : *Connaître, reconnaître.* (V. n° 274).
Peindre. (273).	Conjuguez ainsi tous les verbes en *aindre*, en *eindre* et en *oindre,* tels que *craindre, contraindre, plaindre; astreindre, atteindre, ceindre, dépeindre, enceindre, enfreindre, feindre; enjoindre, joindre, poindre, rejoindre,* etc. — *S'astreindre, se contraindre, s'atteindre, se plaindre,* etc.
Plaire.	Conjuguez ainsi : *Complaire, déplaire.*

TEMPS PRIMITIFS. (244.)

PRÉSENT DE L'INFINITIF. (246, 247.)	PARTICIPE PRÉSENT. (248 à 250.)	PARTICIPE PASSÉ. (251.)	PRÉSENT DE L'INDICATIF. (252.)	PASSÉ DÉFINI. (253.)
Prendre.	Prenant.	Pris, se.	Je prends.	Je pris.
Résoudre.	Résolvant.	Résolu, ue, résous.	Je résous.	Je résolus.
Rire. *n. a.*	Riant.	Ri.	Je ris.	Je ris.
Rompre.	Rompant.	Rompu, ue	Je romps.	Je rompis.
Suffire. *n. a*	Suffisant.	Suffi.	Je suffis.	Je suffis.
Suivre.	Suivant.	Suivi, ie.	Je suis.	Je suivis.
Taire.	Taisant.	Tu, ue.	Je tais.	Je tus.
Tistre.	» »	Tissu, ue.	» »	» »
Traire.	Trayant.	Trait, te.	Je trais.	» (296).
Vaincre.	Vainquant.	Vaincu, ue.	Je vaincs.	Je vainquis.
Vivre. *n. a.*	Vivant.	Vécu.	Je vis.	Je vécus.

TEMPS DÉRIVÉS. (245 à 253)

qui ne se forment pas *régulièrement* des temps primitifs. (244).

NOTA. 1° Les verbes suivis de *n. a.* sont *neutres* et prennent l'auxiliaire *avoir* ; les verbes suivis de *n, e.* sont *neutres* et prennent l'auxiliaire *être.* Les autres sont *actifs,* et comme tels, reçoivent l'auxiliaire *avoir.* (237 à 240).

2° Les verbes qui, aux temps dérivés, ne sont suivis d'aucune observation, se conjuguent régulièrement d'après leurs temps primitifs. (244).

Prendre. Présent de l'*Indicat.* : Je prends, tu prends, il prend, nous prenons, vous prenez, *ils prennent.* — Présent du Subjonctif : *Que je prenne, que tu prennes, qu'il prenne, que nous prenions, que vous preniez, qu'ils prennent.*
Conjuguez ainsi : *Apprendre, comprendre, désapprendre, entreprendre, reprendre, surprendre, etc.* — *Se comprendre, etc.*

Résoudre. Présent de l'Indicat. : *Je résous, tu résous, il résout, nous résolvons,* etc. — Passés : *J'ai résolu, tu avais résolu, etc.* — Le participe passé *résous* (sans féminin), se dit d'une matière qui se change en une autre : « *Le Soleil a résous le brouillard en pluie.* » (Académie).
Conjuguez ainsi : *Se résoudre.* (288).

Rire. Imparf. : *Je riais, ... nous riions, vous riiez,* etc. (V. 237. Rem. 1°). — Conjuguez ainsi : *Sourire ; — se rire* (288), *se sourire.* (290).

Rompre. Présent de l'Indicatif : *Je romps, tu romps, il rompt, nous rompons,* etc.
Conjuguez ainsi : *Corrompre, interrompre ; — se corrompre, s'interrompre.*

Suffire. (V. n°* 282 et 283).

Suivre. Conjuguez ainsi : *Poursuivre ; — se suivre, se poursuivre ; — s'en suivre.* (292).

Taire. Ce verbe est peu usité au *passif.*—Conj. ainsi : *Se taire.*

Tistre. Ce verbe n'est plus d'usage qu'aux temps composés : *J'ai tissu, vous avez tissu,* etc. — On se sert de *tisser,* première conjugaison. (237).

Traire. Conjuguez ainsi : *Distraire, extraire, soustraire, etc.* — *Se distraire, se soustraire, etc.*

Vaincre. Présent de l'Indicat. : *Je vaincs, tu vaincs, il vainc, nous vainquons, vous vainquez, ils vainquent.* (Ce temps est peu usité, surtout au singulier). — Le *c* se change en *qu* devant un voyelle, excepté au *participe passé* féminin *vaincue,* où le *c* est conservé. — Conjuguez ainsi : *Convaincre ; — se vaincre, se convaincre.*

Vivre. Conjuguez ainsi : *Revivre, survivre ; — se survivre.* (290). (V. EXERC., *chap.* VI, n° 265).

CHAPITRE VI.

DU PARTICIPE.

301. Le *participe* est un mot qui *participe*, c'est-à-dire qui dépend du verbe et de l'adjectif. (*)

302. Le participe tient du verbe et en a la valeur, quand il exprime une action, comme *aimant, aimé, ayant aimé*. Dans ce cas, il peut avoir un complément soit *direct*, soit *indirect* :

Aimant la poésie (173), je lis Racine et Boileau ;
Ayant parlé à cet homme (174), je le reconnais ;
Un élève *aimé* de son maître (174), ne devrait jamais le contrarier.

303. Le participe tient de l'adjectif, quand il qualifie le nom auquel il se rapporte.

Un fils aimant ; une fille aimante ; des fils aimants, etc.
Un fils aimé ; une fille aimée ; des fils aimés ; des filles aimées.

304. Il y a deux sortes de participes : le participe *présent*, comme *aimant, donnant, finissant, recevant*, etc, et le participe *passé*, comme *aimé, donné, fini, reçu*, etc.

305. Le participe *présent* est toujours terminé en *ant*. Il est invariable, quand il exprime une action :

J'ai vu des enfants *jouant, sautant, courant* dans la prairie.

306. Ce participe est appelé *présent*, parce que l'action qu'il exprime est toujours *présente* relativement à une autre action :

Je vois d'ici mon fils *jouant* du violon ; — je voyais, j'ai vu d'ici mon fils *jouant* du violon ; — je verrai d'ici mon fils *jouant* du violon.

307. Le même participe en *ant* est adjectif *verbal* et varie en genre et en nombre, quand il marque l'état, la manière d'être, et qu'il sert ainsi à qualifier le nom auquel il se rapporte (303) :

Un enfant *charmant* ; une personne *obligeante* ; des enfants *caressants* ; des figures *rayonnantes* de joie.

308. Le participe *passé* est ainsi nommé, parce que, joint à l'auxiliaire *avoir*, il exprime une action passée :

(*) *Partipe* vient d'un adjectif latin *particeps* (... *ipis*), *participant*, qui tient de, qui prend part à.

J'ai donné ; tu avais fini ; nous aurons reçu ; vous eussiez rendu.

Joint au participe présent *ayant*, le participe passé reste toujours invariable : *Ces élèves* ayant fini *leurs devoirs, peuvent sortir.*

Dans ces deux cas, le participe *passé* est invariable, parce qu'il est actif, parce que le sujet fait l'action.

309. Lorsque le participe *passé* exprime une action reçue, soufferte par le mot qu'il qualifie, il est *passif*, et s'accorde en genre et en nombre avec ce mot : *Un livre* lu, *des livres* lus ; *une page* lue, *des pages* lues. (V. EXERC., chap. VII, nos 266 à 278.)

RÈGLES GÉNÉRALES SUR L'ACCORD DU PARTICIPE PASSÉ.

310. — 1° Le participe *passé* employé sans *auxiliaire* ou seulement avec l'auxiliaire *être*, s'accorde en *genre* et en *nombre*, comme un *adjectif*, avec le nom ou le pronom auquel il se rapporte :

Le livre lu, les livres lus ; le livre est lu, ces livres sont lus.

Je suis tombé, nous sommes tombés ; elle est tombée, elles sont tombées.

311. — 2° Le participe passé employé avec l'auxiliaire *avoir*, ou avec l'auxiliaire *être* dans les verbes *pronominaux-actifs* (194), s'accorde en genre et en nombre avec le complément *direct*, pourvu que ce complément soit avant le participe.

REM. Le complément direct, ainsi placé avant le participe *passé*, est exprimé par l'un des mots *le*, *la*, *les*, *que* (177) ; *me*, *te*, *se*, *nous*, *vous* (179) ; *quel...*, *que de...*, *combien de...*, *autant de...* (suivis d'un nom). *Exemples :*

J'avais un chien, je *l'*ai *perdu* ; ma chienne, je *l'*ai *vendue.*

Où sont vos chiens ? — Je *les* ai *perdus.* Et vos chiennes ? — Je *les* ai *vendues ;*

Voici le fruit *que* nous avons *cueilli*, les fruits *qu'*elle a *cueillis ;*

Voici la rose *que* tu as *cueillie*, les roses *que* j'ai *cueillies.*

Ta sœur m'a *appelé ;* elle *t'*a *appelé* également.

Ma mère dit à ma sœur : Jules m'a *appelée ;* il *t'*a aussi *appelée.*

Il s'est *flatté*, ils se sont *flattés ;* elle s'est *flattée ;* elles se sont *flattées.*

Ton père *nous* a *vus* entrer dans le jardin, où nous *nous* sommes *promenés* longtemps.

Messieurs, je *vous* ai *reconnus* dès que vous *vous êtes présentés* devant moi.

Quel joli *cheval* vous avez *acheté!* Quels beaux *chevaux* tu as *achetés!*

Quelle *couleur* avez-vous *employée?* Quelles *couleurs* avait-il employées?

Que de *dangers* il a *courus!* Que de *pertes* il a *faites!*

Combien de mots as-tu *écrits* depuis une heure?

Devinez *combien de lettres* il a *écrites* depuis un an?

Autant de *mots* il a *écrits*, autant de fautes il a *faites*.

312. — 3° Lorsque le complément *direct* est après le participe *passé*, ou qu'il n'y a pas de complément *direct*, à cause d'un verbe *neutre* conjugué avec *avoir*, ce participe reste invariable. *Exemples:*

Nous avons *perdu nos chiens*; vous avez *vendu vos chiennes*;
Combien avez-vous *écrit de lettres* cette année?

Ils *nous* ont *parlé* de cette affaire; cette conduite *vous* a beaucoup *nui*, etc.

Rem. Le moyen mécanique de reconnaître si le participe doit varier ou non varier, c'est de mettre la question *qui?* ou *quoi?* après le participe; si le mot de la réponse se trouve *avant* le participe, il y a accord avec ce mot; si le mot de la réponse se trouve *après* le participe, ce participe reste invariable. Vérifiez ce moyen sur les exemples des n°s 311 et 312.

313. Lorsque le participe *passé* est suivi d'un Infinitif, il y a lieu de bien remarquer si le complément *direct* qui précède appartient au participe, ou bien si c'est à l'Infinitif. Quand ce complément dépend du participe, il y a accord (311); s'il dépend de l'Infinitif, le participe reste invariable, puisque l'Infinitif, qui est son complément, dans ce cas, est placé après lui. *Exemples:*

1° Accord: Elle était inquiète, je *l'ai laissée partir*.
Elle est musicienne, je *l'ai entendue chanter*.
Voici des arbres *que j'ai entendus tomber*.
Voilà des enfants *que j'ai vus* naître, grandir et mourir.

Rem. Quand le participe doit ainsi varier, l'Infinitif peut se tourner en participe *présent*. (*Je l'ai laissée partant; je les ai entendus tombant*, etc.).

2° Sans accord: Elle était paresseuse, je *l'ai laissé punir*.
C'est une belle romance *que j'ai entendu chanter*.
Voici des arbres *que j'ai vu planter, que j'ai vu arracher*.
Voilà deux maisons: Je *les ai vu bâtir et meubler*.

Rem. Dans ces exemples l'Infinitif ne peut se changer en participe présent; c'est un moyen de reconnaître l'invariabilité du participe.

314. Les participes comme *excepté, supposé, passé, vu*, sont toujours invariables quand ils sont avant le mot auquel ils se rapportent, parce qu'ils sont *actifs*, c'est-à-dire qu'ils sont mis pour *ayant ac-accepté, ayant supposé, ayant passé, ayant vu,* et que leur complément direct est après eux : EXCEPTÉ *ces trois paresseux, je n'ai que de bons élèves ;* SUPPOSÉ *ces principes vrais ;* PASSÉ *trois heures, il serait trop tard ;* VU *votre paresse, vous serez retenu.*

Ces mêmes participes s'accordent quand ils sont après les mots qu'ils qualifient, parce qu'alors ils sont passifs et mis pour *ayant été excepté, ayant été supposé, étant passé, ayant été vu.* Exemples : *Ces trois élèves exceptés; ces principes supposés vrais ; trois heures passées ; votre paresse vue, etc.* (310). (V.EXERC., *chap.* VII, nᵒˢ 269 à 278).

CHAPITRE VII. — MOTS INVARIABLES, (V. Gr., 32).

DE L'ADVERBE.

315. L'*adverbe* (*) est un mot *invariable* que l'on joint à un *verbe,* à un *adjectif,* ou à un autre *adverbe,* pour le modifier, c'est-à-dire pour ajouter à la signification du mot auquel on le joint :

Marcher *lentement ; plus* doux ; *très* doucement.

316. **La place la** plus fréquente de l'*adverbe* est auprès du verbe, comme l'indique son nom.

317. On divise les *adverbes* en adverbes *simples* et en adverbes *composés.*

318 Les adverbes *simples* sont ceux qui ne se forment que d'un mot, comme *beaucoup, ensuite, souvent,* etc.

319. Les adverbes *composés,* ou *locutions adverbiales,* sont ceux qui se composent de plusieurs mots, comme *à dessein, en général, tout-à-coup,* etc.

Il y a plusieurs sortes d'adverbes.

320. *Adverbes de temps.*

A demain.	Aussitôt.	Désormais.	Jamais.
A jamais.	Autrefois.	De suite.	Jusque là.
A la fois.	Avant hier.	D'ordinaire.	Longtemps.
Alors.	Bientôt.	Dorénavant.	Maintenant.
Après demain.	Cependant.	Ensuite.	Naguère.
A présent.	Déjà.	Hier.	Nuitamment.
Aujourd'hui.	Demain.	Incessamment.	Parfois.
Auparavant.	Dès lors.	Jadis.	Plus tôt.

(*) *Adverbe* (de deux mots latins : *ad,* auprès, *verbum,* verbe), signifie *qui se place près du verbe.*

Plus tard.	Soudain.	Tôt.	Tour à tour.
Présentement.	Souvent.	Tôt ou tard.	Tout de suite.
Quand.	Tantôt.	Toujours.	Une fois.
Quelquefois.	Tard.		

321. *Adverbes de lieu.*

Ailleurs.	Ci-joint.	D'ici.	Nulle part.
A l'écart.	D'ailleurs.	D'où ?	Où.
A l'entour.	De çà.	En arrière.	Par-dessous.
Çà et là.	Dedans.	En avant.	Par-dessus.
Ci.	Dehors.	Ici.	Partout.
Ci-après.	De là.	Là.	Près.
Ci-contre.	Derrière.	Là dedans.	Quelque part.
Ci-dessous.	Dessous.	Là dessous.	Y (*là**).
Ci-dessus.	Dessus.	Là dessus.	
Ci-inclus.	Devant.	Loin.	

322. *Adverbes d'ordre, de rang.*

Après.	D'abord.	Premièrement.	Secondement.
Avant.	Ensuite.	Puis.	Troisièmement, etc.

323. *Adverbes de quantité, d'extension.*

A peine.	De plus.	Jusqu'ici.	Surtout.
A peu près.	Du moins.	Moins.	Tant.
Assez.	Du reste.	Néanmoins.	Tellement.
Au moins.	Encore.	Plus.	Toutefois.
Au plus.	En partie.	Pourtant.	Tout-à-fait.
Au reste.	En sus.	Presque.	Très.
Autant.	Environ.	Principalement.	Trop.
Beaucoup.	Fort.	Quasi.	Une fois.
Bien.	Guère.	Que (*combien !*)	Deux fois, etc.
Combien.	Jusqu'à quel	Si (*tellement*).	
Davantage.	point ?		

324. *Adverbes de manière.*

A dessein.	Avec plaisir.	Exprès.	Agréablement.
Ainsi.	Avec soin.	Gratis.	Bonnement.
A la hâte.	Bien.	Mal.	Élégamment.
A regret.	Comme.	Pis (*plus mal*).	Fortement.
A tort.	Comment.	Sciemment.	Gracieusement.
A tort et à travers	En vain.	Vite.	Habilement, etc.

(*) Il ne faut pas confondre y ADVERBE avec y PRONOM PERS. ; y PRONOM signifie *à lui, à elle, à eux, à cela ;* (V. 178) tandis que y ADVERBE veut dire *là, dans cet endroit.* Ex. : *Allez dans ma chambre vous y trouverez mon chapeau.*

REM. Il y a un grand nombre d'adverbes de *manière* terminés en *ment*; presque tous viennent d'adjectifs qualificatifs.

235. *Adverbes d'interrogation.*

Combien? comment? d'où? où? par où? pourquoi? qand?

326. *Adverbes d'affirmation.*

Ainsi, à la vérité, certes, certainement, c'est-à-dire, d'accord, indubitablement, oui, sans doute, volontiers, vraiment.

327. *Adverbes de négation.*

En aucune façon, ne, ne pas, ne point, nullement, pas du tout, point du tout.

328. *Adverbes de doute.*

Par hasard, peut-être, probablement.

329. *Adverbes de conclusion.*

Après tout, enfin, en un mot.

330. *Adverbes de comparaison, de ressemblance.*

Ainsi, à l'envi, aussi, autant, comme, de mal en pis, de même, également, même, (*aussi*), mieux, ni plus ni moins, pareillement, pis, plutôt.

331. *Adverbes d'union, d'assemblage.*

A l'unanimité, conjointement, d'accord, en général, ensemble, généralement, pêle-mêle, unanimement.

332. *Adverbes de division, de séparation.*

A part, autrement, contrairement, d'ailleurs, différemment, ne que (p^r *seulement*), notamment, séparément, seulement.

COMPARATIF ET SUPERLATIF DANS LES ADVERBES.

333. Plusieurs adverbes, comme les adjectifs qualificatifs (117 à 127), ont les trois degrés de signification : *positif*, *comparatif* et *superlatif*. En voici quelques exemples :

Positif.	Comparatif.			Superlatif.
Peu.	Moins.	Autant.	Plus.	Très.
Bien.	Moins bien.	Aussi bien.	Mieux.	Très bien.
Mal.	Moins mal.	Aussi mal.	Pis.	Très mal.

Promptement.	Moins pr.	Aussi pr.	Plus tôt.	Très promptement.
Souvent.	Moins souv.	Aussi souv.	Plus souv.	Fort souvent.
Assez.	Moins.	Aussi.	Plus ou mieux.	Très ou fort.
...			Plutôt.	Principalement
Adroitement.	Moins ad.	Aussi ad.	Plus ad.	Très adroitem., etc.

(V. Exerc., chap. VIII, nᵒˢ 279 à 286).

CHAPITRE VIII.

DE LA PRÉPOSITION.

334. La *préposition* (*) est un mot *invariable* qui sert à exprimer les divers rapports que les mots ont entre eux, et ces mots sont toujours des *noms*, des *pronoms* ou des *verbes*.

Quand je dis : *Je partirai* pour *Bordeaux*, on voit que le mot *pour* marque ici le rapport de *tendance* qu'il y a entre le verbe *partirai* et le nom *Bordeaux;* et c'est parce que ce mot *pour* est ainsi *pré posé*, c'est-à-dire placé entre les deux mots pour marquer le rapport du second avec le premier, qu'on l'appelle *préposition.*

335. Les prépositions sont *simples* ou *composées* : les prépositions *simples* sont celles d'un seul mot, comme *à*, *de*, *en*, *pour*, etc.

336. Les prépositions *composées* ou *locutions prépositives*, sont celles qui se forment de plusieurs mots, comme *en faveur de, quant à, vis-à-vis de*, etc.

337. *Liste des prépositions simples les plus usitées.*

A.	Depuis.	Jusque.	Sans.
Après.	Derrière.	Malgré.	Sauf.
Attendu.	Dès.	Moyennant.	Selon.
Avant.	Devant.	Nonobstant.	Sous.
Avec.	Durant.	Outre.	Suivant.
Chez.	En (1).	Par.	Sur.
Contre.	Entre.	Parmi.	Touchant.
Concernant.	Envers.	Pendant.	Vers.
Dans.	Hormis.	Pour.	Vis-à-vis.
De.	Hors.	Près.	Voici. Voilà.

(*) *Préposition* vient de deux mots latins : *præ* (avant, devant), et *ponere* (poser, placer).

(1) Il ne faut pas confondre *en* PRÉPOSITION avec *en* PRONOM. *En* PRONOM signifie *de lui, d'elle, d'eux, d'elles, de cela* (V. 178.); tandis que *en* PRÉPOSITION a le sens de *dans* ou de *comme* et a un complément : *Il voyage* en *Europe; il fait cela* en *amateur.*

338. *Locutions prépositives les plus usitées.*

A cause de.	Au-dessous de.	En deçà de.	Par dessus.
A côté de.	Au-dessus de.	En faveur de.	Par derrière.
A l'égard de.	Au-devant de.	Hors de.	Par devant.
A l'exception de.	Auprès de.	Jusqu'à.	Près de.
A la réserve de.	Autour de.	Loin de.	Proche de.
A travers.	Au travers de.	Par delà.	Quant à.
Au-delà de.	Avant de.	Par dessous.	Vis-à-vis de.

339. Les prépositions ont toujours pour complément les *noms*, les *pronoms*, ou les *verbes* qui les suivent. (Le verbe, dans ce cas, est toujours à l'*Infinitif*).

La préposition, avec son complément, forme ce que nous appelons un complément *indirect*. (174) :

J'écris *à* ton frère ; il demeurait *avec* moi ; il vient *de* partir.

Rem. Quelquefois deux prépositions forment une locution adverbiale : *De près, de loin, par devant, par derrière, etc.*

(V. Exerc., chap. IX, n°ᵃ 287 à 292).

CHAPITRE IX.

DE LA CONJONCTION.

340. La *conjonction* (*) est un mot *invariable* qui sert à lier, à *joindre* un membre de phrase à un autre membre de phrase, ou un mot à un autre mot. *Exemple* :

Je veux *que* tu étudies la géographie *et* l'histoire.

Dans cet exemple, on voit clairement que le mot *que* joint le second membre de phrase, *tu étudies* au premier membre *je veux* ; et que le mot *et* sert aussi à lier le mot *histoire* au mot *géographie.* Ces mots *que, et* sont donc deux *conjonctions.*

341. Rem. Quelquefois la conjonction se trouve au commencement de la phrase ; mais alors c'est parce que l'ordre grammatical des mots est renversé ; c'est parce qu'il y a *inversion*, comme ici :

Lorsque tu reviendras, je serai parti.

Il y a là *inversion*, c'est-à-dire renversement de l'ordre des mots ; voilà pourquoi la conjonction *lorsque* est au commencement de la phrase. Mais en mettant les mots dans l'ordre grammatical, on obtient cette phrase : *Je serai parti, lorsque tu reviendras*, où l'on voit que

_____

(*) *Conjonction* vient de deux mots latins, *cum* (avec) et *jungere* (joindre, lier, unir).

la conjonction *lorsque* unit bien le second membre *tu viendras* au premier *je serai parti.*

342. Les conjonctions sont *simples* ou *composées.*

343. Les conjonctions *simples* sont celles d'un seul mot, comme *si, car, et, que,* etc.

344. Les conjonctions *composées* ou *locutions conjonctives* sont celles qui se forment de plusieurs mots, comme *afin que, ou bien, par conséquent,* etc.

345. *Conjonctions* simples *les plus usitées.*

Ainsi.	Donc.	Or.	Quoique.
Aussi.	Encore.	Ou.	Si.
Car.	Et.	Partant.	Soit (*répété*).
Cependant.	Lorsque.	Puisque.	Tantôt (*répété*).
Comme.	Mais.	Quand.	
D'ailleurs.	Ni.	Que (1).	

346. *Locutions conjonctives les plus usitées.*

A condition que.	Avant que.	Dès que.	Par conséquent.
Afin que.	Bien entendu que	Du reste,	Pendant que.
Ainsi que.	Bien que.	En cas que.	Pourvu que.
A moins que.	C'est pourquoi.	Encore que,	Que ne.
Après que.	De crainte que.	En tant que.	Si non.
Attendu que,	De même que.	Jusqu'à ce que.	Soit que.
Au cas que.	De peur que.	Loin que.	Tandis que.
Au contraire.	Depuis que.	Ou bien.	Tant que.
Au reste.	De quelque ma-	Outre que.	Vu que, etc.
Aussitôt que.	nière que.	Parce que.	
Au surplus.	De sorte que.		

347. Rem. **1°** Pour ne pas confondre une locution *prépositive* avec une locution *conjonctive,* il faut faire attention au dernier mot, qui indique toujours la partie du discours à laquelle elle appartient. Ainsi, par exemple, *afin de* est une locution prépositive, à cause du dernier mot *de,* qui est une *préposition; afin que,* au contraire, est une locution conjonctive, parce que le dernier mot *que* est une *conjonction.*

2° Certains mots, tels que *avant, après, devant, derrière,* sont adverbes, quand ils n'ont pas de complément : *Je partirai avant, vous viendrez après. Les uns se trouvèrent devant et les autres derrière.*

Ces mêmes mots sont *prépositions,* lorsqu'ils ont un complément : *Je partirai avant midi, vous viendrez après deux heures. Les uns passèrent devant nous, les autres restèrent derrière les murailles.*

---

(1) *Que,* conjonction, ne peut jamais se tourner par *lequel, laquelle,* etc, comme peut se tourner le pronom relatif *que.*

5° De même le mot *si*, conjonction de sa nature, devient adverbe, quand on peut le tourner par *tellement* ou *aussi* :

Il est si riche (tellement riche), *qu'il ne connaît pas sa fortune. Un homme si riche* (aussi riche) *devrait donner beaucoup.* (V. Exerc., chap. X, n°s 293 à 299).

CHAPITRE X.

DE L'INTERJECTION.

348. L'*interjection* (*) est un mot invariable qui sert à exprimer les affections vives et subites de l'âme, telles que des sentiments de *joie*, de *douleur*, de *surprise*, etc.

349. Les interjections sont *simples* ou *composées.*

350. Les interjections *simples* sont celles d'un seul mot, comme *oh ! ah ! hélas !*

351. Les interjections *composées* ou *locutions interjectives* sont celles qui se composent de plusieurs mots, comme *grand Dieu ! juste ciel ! hé bien !* etc.

352. *Interjections simples les plus usitées.*

1° *Pour marquer la joie :* Ah ! bon ! vivat !
2°   *la douleur :* Aïe ! ah ! hélas ! hola ! ouf !
3°   *l'admiration :* Ah ! oh ! eh ! bravo !
4°   *la surprise, l'étonnement :* Eh ! ha ! oh ! parbleu ! ciel ! quoi !
5°   *l'aversion :* Fi !
6°   *la dérision :* Bah ! hé ! oh ! zest !
7° *Pour appeler, apostropher :* Hé ! hola ! ô.
8° *Pour interroger :* Hein ! comment ! quoi !
9° *Pour imposer silence :* Chut ! paix ! st ! silence !
10° *Pour avertir :* Gare ! hem ! ho ! hola ! doucement ! halte !
11° *Pour encourager :* Allons ! çà ! courage !
12° *Pour imiter le bruit d'un corps qui tombe ou se casse :* Crac ! pouf !

353. *Locutions interjectives les plus usitées.*

(Les n°s 2°, 3°, etc. se rapportent à ceux qui sont ci-dessus).
2° Aïe, aïe ! grand Dieu ! juste ciel !—3° Grand Dieu ! — 4° Ha ha ! ho ho ! hé bien ! hé quoi !—5° Fi donc !—6° Bah, bah ! oui dà ! —

(*) *Interjection* vient des deux mots latins *inter* (entre, parmi) et *jacere* (jeter). L'*interjection*, en effet, exprime un sentiment vif qui vient, pour ainsi dire, se mêler, se jeter au milieu d'autres sentiments énoncés dans une phrase.

Eh bien ! — 8° Plait-il ! — 10° Eh bien ! or çà ! tout beau ! — 11° Oh çà ! — 12° Cric, crac !

Rem. Il y a quelques autres expressions interjectives que l'usage fera connaître et qu'il sera facile de classer, d'après le n° 352. (V. Exerc., *chap.* XI, n°s 300, 301).

Nota. Pour les questionnaires sur le *participe*, l'*adverbe*, la *préposition*, la *conjonction* et l'*interjection*, voyez le volume des *Exercices.*

ORTHOGRAPHE USUELLE.

354. Beaucoup de mots de notre langue se terminent par une consonne qui ne se fait pas toujours sentir; pour la connaître, il faut avoir recours aux mots qui en sont formés, et qu'on appelle *dérivés*. Ainsi, par exemple, l'élève terminera le mot *sang* par un *g*, à cause du dérivé *sanguin*, qui contient cette lettre.

Par ce moyen, il est facile de connaître promptement l'orthographe d'un grand nombre de mots.

Dans les exemples qui suivent, l'élève dira : *tel mot* est terminé par (ou s'écrit avec) *telle consonne* (un *c*, un *d*, un *g*, un *n*, etc.), à cause de *tel dérivé* (qui suit).

Abus,	abuser.	Ceint,	ceinture.
Accord,	accorder.	Célibat,	célibataire.
Accroc,	accrocher.	Champ,	champêtre.
Acquit,	acquitter.	Chant,	chanter.
Amas,	amasser.	Cinq,	cinquième.
Apprêt,	apprêter.	Combat,	combattre.
Argent,	argenter.	Coup,	couper.
Art,	artiste.	Courtois,	courtoisie.
Avis,	aviser, etc.	Crin (avec *in*),	crinière, etc.
Bain, (avec *ai*),	baigner.	Damas,	damasser.
Banc,	banquette.	Danger,	dangereux.
Bas,	basse.	Dard,	darder.
Bât,	bâter.	Débris,	briser.
Berger,	bergère.	Début,	débuter.
Bigot,	bigoterie.	Départ,	partir.
Bois,	boiserie.	Dessin (avec *in*),	dessiner.
Bon,	bonne.	Diffus,	diffuse.
Bond,	bondir (*sauter*).	Dispos,	disposer.
Bord,	border.	Don,	donner.
Bourgeois,	bourgeoise.	Drap,	draperie, etc.
Bras,	brasser.	Éclat,	éclater.
Bris,	briser.	Épais,	épaisse.
Brun,	brune, etc.	Estomac,	stomacal.
Cadenas,	cadenasser.	Étranger,	étrangère.
Camp,	camper.	Excès,	excessif.

Exploit, exploiter, etc.
Foin (avec *aim*), famine.
Tard, farder.
Fin, (avec *in*), finir.
Flot, flotter.
Fouet, fouetter.
Fusil, fusiller, etc.
Galop, galoper.
Goût, goûter.
Grand, grande.
Gras, grasse.
Gris, grise.
Gros, grosse, etc.
Hasard, hasarder.
Haut, hauteur.
Hautain (avec *ain*), hautaine, etc.
Indivis, indivisible.
Laid, laideur.
Lait, laiteux.
Lard, larder.
Long, longue, etc.
Mât, mâture.
Matelas, matelasser.
Magistrat, magistrature.
Mont, montagne.
Mors (du cheval,) morsure.
Mort, mortel.
Musulman, musulmane.
Nain, naine.
Niais, niaise.
Nuit, huitamment.
Os, osseux.
Parfum, parfumer.
Pavois, pavoiser.

Pays, paysan.
Poignard, poignarder.
Poing, poignard.
Précis, préciser.
Profit, profiter.
Progrès, progresser.
Prompt, prompte, etc.
Rang, ranger.
Reclus, réclusion.
Refus, refuser.
Repos, reposer.
Ris, risée.
Roc, rocaille, etc.
Sain (avec *ain*), saine.
Saint, sainte.
Sang, sanguin.
Seing, signature, etc.
Tamis, tamiser.
Tapis, tapisser.
Toit, toiture.
Train (avec *ain*), traîner.
Trépas, trépasser.
Trois, troisième, etc.
Univers, universel.
Van, vanner.
Vain (avec *ain*), vaine.
Vent, venter.
Vernis, vernisser.
Vert, verte.
Vice, (avec *ce*), vicieux.
Vin (avec *in*), vineux.
Vis, visser. (V. Exer., *chapitre* XII, n° 302).

DES HOMONYMES.

355. On entend par *homonymes* des mots qui sont à peu près pareils quant à la prononciation, mais qui expriment des choses différentes. Ainsi *bon*, adjectif, a pour homonyme *bond* (saut). Une personne est l'*homonyme* d'une autre, quand elle porte un nom pareil au sien.

Liste des homonymes les plus usités.

Abbesse, *supérieure d'un monastère.*
Abaisse, *du verbe* abaisser.
Aie, ais, (*voyez* haie).
Alène, *outil de cordonnier.*

Haleine, *air attiré et repoussé par les poumons.*
Avant, *préposition.*
Avent, *les quatre semaines avant Noël.*

Bas, *vêtement des jambes*.
Bât, *selle pour les bêtes de somme*.
Bats (tu), *du verbe* battre.
Bat (il), *idem*.
Beauté, *régularité et perfection des traits*.
Botté, *qui a des bottes*.
Boîte, *ustensile à couvercle*.
Boite (il), *du verbe* boiter.
Bon, *adjectif*.
Bond, *saut, action de sauter*.
Camp, can, car, (*v.* quand, quart).
Ceint, (*voyez* sain),
Chair, *substance molle et sanguine*.
Chaire, *tribune du prêtre*.
Cher, *adjectif*.
Clair, *adjectif*.
Clerc, *commis de notaire, d'avoué*.
Cor, *durillon aux pieds,* — *de chasse*.
Corps, *de l'homme, de la femme, etc*.
Cour, (*fém.*), *espace enfermé de murs*.
Cours, (*masc.*), *lieu de promenade, enseignement*.
Crois (je), *du verbe* croire.
Croît (il), *du verbe* croître.
Croix, *instrument de supplice, etc*.
Craint (il), *du verbe* craindre.
Crin, *poil long et rude*.
Cuir, *peau d'un animal*.
Cuire, *verbe*.
Dans, *préposition*.
Dent, *os de la bouche*.
Dégoûter, *ôter le goût, répugner*.
Dégoutter, *tomber goutte à goutte*.
Don, *présent, cadeau*.
Donc, *conjonction*.
Dont, *pronom relatif*.
Étang, *eau stagnante pour le poisson*.
Étant, *du verbe* être.
Fais (tu), *du verbe* faire.
Fait (il), *du verbe* faire.
Faix, *fardeau*.
Faîte, *sommet*.

Faite, *participe fém. du v.* faire.
Faites (vous) *du verbe* faire.
Fête, *jour consacré pour une cérémonie*.
Forêt, *terrain couvert de bois*.
Foret, *instrument pour percer*.
Goûte, *du verbe* goûter.
Goutte, *partie d'un liquide, maladie*.
Haie, *clôture d'arbustes, de ronces, etc*.
Hais, *du verbe* haïr.
Aie, *du verbe* avoir.
Ais, *planche*.
Es (tu), *du verbe* être.
Hôte, *qui tient une hôtellerie, etc*.
Hotte, *panier d'osier pour le dos*.
Haute, *adjectif fém*.
Ote, *du verbe* ôter.
Halle, *lieu qui sert au marché*.
Hâle, *air chaud et sec, qui dessèche*.
Jeûne, *abstinence*.
Jeune, *peu avancé en âge*.
Là, *adverbe*.
Las, *adjectif*.
Lai, *laïque, un frère lai*.
Laid, *vilain,* (adject.).
Laie, *femelle du sanglier*.
Lait, *liqueur blanche de la mamelle des animaux*.
Legs, *don fait par un testateur*.
Les, *article*.
Laisse ou lesse, *cordon pour mener les chiens*.
Laisse, *du verbe* laisser.
Mai, *cinquième mois*.
Mais, *conjonction*.
Mets, *du verbe* mettre.
Maître, *nom*.
Mettre, *verbe*.
Mâle, *qui est du sexe masculin*.
Malle, *espèce de coffre*.
Mâtin, *chien*.
Matin, *première partie du jour*.
Moi, *pron. personnel*.
Mois, *12e partie de l'année*.
Mon, *adjectif possessif*.
Mont, *montagne*.

Mur, *muraille.*
Mûr, *adjectif.*
Naît (il), *du verbe* naître.
Net, *adjectif.*
Pas, *nom.*
Pas, *ne pas, adverbe.*
Pâte, *farine détrempée et pétrie.*
Patte, *pied d'animal.*
Paume, *jeu, dedans de la main.*
Pomme, *fruit du pommier.*
Pêcher, *prendre du poisson.*
Pécher, *transgresser la loi divine.*
Pêcher, *arbre.*
Peine, *affliction, souffrance.*
Pêne, *morceau de fer qui entre dans la gâche.*
Penne, *grosse plume d'oiseau de proie.*
Pie, *(fém.), oiseau.*
Pie, *pieux, charitable, (adj.).*
Pis, *(m.), tétine d'une vache.*
Pis, *plus mal, plus mauvais.*
Plaine, *plate campagne.*
Pleine, *adject. fém. de plein.*
Plus tôt, *plus promptement.*
Plutôt, *de préférence.*
Poids, *pesanteur, objet pour peser.*
Pois, *légume à gousse.*
Poix, *matière gluante et noire.*
Poing, *la main fermée.*
Point, *piqûre, marque, etc.*
Pou, *vermine.*
Pouls, *battement des artères.*
Pue (il), *du verbe* puer.
Pus (tu), *du verbe* pouvoir.
Pus, *sang ou matière corrompue.*
Qand, *adverbe, conjonction.*
Caen, *ville de France.*
Camp, *lieu préparé pour le séjour d'une armée.*
Quant à, *locution prépositive.*
Quart, *quatrième partie d'un tout, etc.*
Car, *conjonction.*
Rôt, *rôti, viande rôtie.*
Rot, *vent qui sort avec bruit de l'estomac.*
Roue, *de charrette, de voiture.*

Roux, *adjectif, féminin* rousse.
Sas, *sorte de gros tamis.*
Sa, *adjectif possessif.*
Ça, *adverbe.*
Sain, *non sujet à être malade, en bon état.*
Saint, *pur, souverainement parfait.*
Sein, *mamelle de la femme, etc.*
Seing, *signature.*
Ceint, *participe du verbe* ceindre.
Cinq, *adjectif numéral.*
Saut, *action de sauter.*
Seau, *vase pour tirer de l'eau.*
Sot, *stupide, grossier, (adjectif).*
Sceau, *cachet, etc.*
Saine, *adjectif féminin de* sain.
Scène, *lieu où se passe une action, etc.*
Seine (la), *rivière, départem. de.*
Senne *ou* seine, *filet.*
Cène, *dernier souper de Jésus-Christ.*
Son, *bruit, vibration d'un instrument.*
Son, *résidu de la farine.*
Son, *adjectif possessif.*
Sont (ils), *du verbe* être.
Sûr, *adjectif.*
Sur, *préposition.*
Taie, *enveloppe d'un oreiller, etc.*
Tais, *du verbe* taire.
Tes, *adjectif possessif.*
Tâche, *travail à faire dans un temps limité.*
Tache, *souillure sur un vêtement, etc.*
Tan, *poudre d'écorce de chêne.*
Tant, *adverbe de quantité.*
Tête, *partie supérieure du corps.*
Tette (il), *du verbe* téter, *sucer du lait.*
Trait, *dard, ligne au crayon, etc.*
Vaine, *féminin de l'adjectif* vain.
Veine, *vaisseau qui contient le sang.*
Vain, *inutile, vide, qui a de la vanité.*
Vaincs, *du verbe* vaincre.

8.

Vins (tu), *du verbe venir.*
Vin, *liqueur tirée du raisin.*
Vingt, *adjectif numéral* (deux fois dix).
Ver, *insecte long et rampant.*
Verre, *vase pour boire.*
Vers, *du côté de* (préposition).
Vers, *phrase rimée* (poésie).
Vert, *de couleur verte.*
Vice, *défaut.*

Vis, *machine, clou en spirale.*
Vivre, *verbe.*
Vivres, *aliments.*
Vois (je), *du verbe voir.*
Voit (il), *du verbe voir.*
Voix, *son qui sort de la bouche.*

(V. Exerc., *chap.* XII, nᵒˢ 303 à 320).

CRI DES ANIMAUX.

356. Presque tous les jeunes gens ignorent comment il convient de désigner le *cri* et les *parties* des animaux. Cette étude doit dépendre de la Grammaire, puisque c'est aussi de l'impropriété des mots que vient l'obscurité du style. — Souvent le verbe employé pour désigner le *cri* des animaux n'est pas usité dans notre langue, mais il a été créé par *onomatopée*, c'est-à-dire, comme mot *imitatif* du cri.

L'abeille *bourdonne.*
L'aigle *trompette.*
L'alouette *grisolle, tirelire.*
L'âne *brait.*
L'âne sauvage *brame.*
La belette *belotte.*
Le bélier *blatière.*
Le bœuf *beugle, mugit.*
Le bourdon *bourdonne.*
Le bouc *mouette.*
La brebis *bêle.*
Le buffle *souffle, beugle.*
Le butor *bouffe.*
La caille *carcaille, margotte.*
Le canard *nasille.*
Le cerf *brame.*
Le chat *miaule.*
La chauve-souris *grince.*
Le cheval *hennit.*
Le chien *aboie.*
Le petit chien *glapit, jappe.*
La chouette *hue.*
La cigale *craquette, frissonne.*
La cigogne *claquette, craquette.*
Le cochon *grogne.*
La colombe *gémit.*
Le coq *coqueline.*

Le corbeau *croasse.*
Le crapaud *coasse.*
Le crocodile *lamente.*
Le courlis *siffle.*
Le cygne *chante.*
Le dindon *glougloutte, glouglotte.*
L'éléphant *barête, barronne.*
L'épervier *glapit, piaille.*
L'étourneau *pisote.*
Le faon *râle.*
La fauvette *fredonne.*
Le geai *cajole.*
La grenouille *coasse.*
Le grillon *grésillonne.*
La grive *gringoite.*
La grue *craque, gruine.*
Le hanneton *bourdonne.*
Le hibou *hue.*
L'hirondelle *gazouille.*
La huppe *pupule.*
Le jars *jargonne.*
Le lapin *glapit.*
Le léopard *miaule.*
Le lièvre *vagit.*
La linotte *gazouille.*
Le lion *rugit.*
Le loriot *siffle.*

Le loup *hurle*.
Le mangous *coasse*.
Le merle *siffle*.
La mésange *titinne*.
Le milan *huit*.
Le moineau *pépie*.
La mouche *bourdonne*.
Le mouton *bêle*.
L'oie *siffle*.
L'once *frémit*.
L'orfraie *hurle*.
L'ours *grommelle*.
Le paon *braille, criaille*.
La perdrix *cacabe*.
Le perroquet *cause, juse*.
La pie *jacasse, jasarde*.
Le pigeon *roucoule*.
Le pinson *frigotte*.
La poule *glousse*.
Le petit poulet *piaule*.
Le ramier *gémit*.
Le rat *ravit*.
Le renard *glapit*.
Le roitelet *gazouille*.
Le rossignol *gringotte*.
Le sanglier *nasille, grommelle*.
Le serpent *siffle*.
La souris *chicotte*.
Le taureau *mugit*.
Le tigre *rauque, rognonne*.
La tourterelle *gémit, roucoule*.
La truie *grogne*.
La vache *mugit*.
Le vautour *pulpe*.

357. PARTIES DES ANIMAUX.

On dit : le Pied d'un *bœuf*, d'un *cerf*, d'un *chameau*, d'un *cheval*, d'une *chèvre*, d'un *cochon*, d'un *élan*, d'un *éléphant*, d'un *mouton*, d'un *veau*, etc.; et, généralement, des animaux chez lesquels cette partie est en corne.

358. La Patte d'un *chat*, d'un *chien*, d'un *lapin*, d'un *lièvre*, d'un *lion*, d'un *loup*, d'un *ours*, d'un *rat*, d'un *singe*, d'un *crapaud*, d'une *grenouille*; et de *tous les oiseaux*, excepté les oiseaux de proie.

On dit pourtant des *petits pieds*, pour désigner les petits oiseaux d'un goût délicat.

359. On dit : La Bouche d'un *âne*, d'un *bœuf*, d'un *chameau*, d'un *cheval*, d'un *éléphant*, d'un *mulet*, etc; et, en général, des bêtes de somme et de voiture.

L'Académie dit aussi la Bouche d'une *carpe*, d'une *grenouille*, d'un *saumon*.

360. On dit : la Gueule d'un *chat*, d'un *chien*, d'un *lion*, d'un *loup*, d'un *tigre*, d'un *léopard*; et, en général, de tous les animaux carnivores.

On dit aussi la Gueule des *poissons*, des *reptiles* et de la plupart des *quadrupèdes* : la Gueule d'un *brochet*, d'une *carpe*, d'un *crocodile*, d'un *lézard*, d'un *serpent*, d'une *truite*, d'une *vipère*, etc.

361. On dit le *bec*, pour tous les *oiseaux*.

362. Quand on parle de cette partie qui comprend la *gueule* et le nez de l'animal, on dit : Le Groin d'un *cochon*.

363. Le Museau d'une *belette*, d'un *chien*, d'une *grenouille*, d'un *renard*.

Le Muffle d'un *bœuf*, d'un *cerf*, d'un *taureau*, d'une *vache*, et de certaines bêtes féroces, comme le *léopard*, le *lion*, le *tigre*.

364. On appelle DÉFENSES ou BROCHES les deux grosses dents cro-chues ou affilées qui sortent de la gueule du *sanglier*.

365. On dit : La TÊTE d'un *bœuf*, d'un *cheval*, d'un *lion*, d'un *mouton*, etc. ; d'un *oiseau*, d'un *poisson*, d'une *mouche*, d'un *serpent*.

366. Au lieu de TÊTE, on dit la HURE d'un *brochet*, d'un *loup*, d'un *sanglier*, d'un *saumon*, etc.

367. Le bois que le *cerf* porte sur le devant de la tête, et qui tombe et se renouvelle chaque année, vers le mois d'avril, s'appelle *tête* ou *bois*.

368. On dit les *arêtes* en parlant des os des poissons. Cependant on dit *os de sèche*, *os de baleine*.

(Le maître interrogera de temps à autre l'élève sur les n⁰ˢ 356 à 368).

FIN DE LA PREMIÈRE PARTIE.

NOTA. La *seconde* Partie de cette Grammaire comprend la syntaxe générale, avec des règles *types*, comme dans notre *Grammaire latine*. (Règles : *Deus sanctus*; — *Amo Deum*; — *Studeo grammaticæ*, etc.); c'est-à-dire que chaque règle est précédée de l'exemple qui la caractérise, comme moyen mnémonique.